Maral Esekeshova
Elmira Kochkorbaeva
Nuria Manapova

Etnopedagogia

Maral Esekeshova
Elmira Kochkorbaeva
Nuria Manapova

Etnopedagogia

ScienciaScripts

Imprint

Any brand names and product names mentioned in this book are subject to trademark, brand or patent protection and are trademarks or registered trademarks of their respective holders. The use of brand names, product names, common names, trade names, product descriptions etc. even without a particular marking in this work is in no way to be construed to mean that such names may be regarded as unrestricted in respect of trademark and brand protection legislation and could thus be used by anyone.

Cover image: www.ingimage.com

This book is a translation from the original published under ISBN 978-613-3-99584-0.

Publisher:
Sciencia Scripts
is a trademark of
Dodo Books Indian Ocean Ltd. and OmniScriptum S.R.L publishing group

120 High Road, East Finchley, London, N2 9ED, United Kingdom
Str. Armeneasca 28/1, office 1, Chisinau MD-2012, Republic of Moldova, Europe
Printed at: see last page
ISBN: 978-620-8-07977-2

CONTEÚDO.

Prefácio

Já em meados do século passado, I. V. Kireyevsky (1806-
1856) escreveu: "É tão impossível destruir a peculiaridade da vida mental das pessoas como é impossível destruir a sua história. É tão fácil substituir as crenças fundamentais do povo por noções literárias como mudar os ossos de um organismo em desenvolvimento por um pensamento abstrato. No entanto, se pudéssemos permitir por um momento que esta proposta pudesse, de facto, ser cumprida, então, nesse caso, o único resultado da mesma não seria a educação e o esclarecimento, mas a destruição do próprio povo. Pois o que é um povo senão a totalidade das crenças, mais ou menos desenvolvidas na sua moral, nos seus costumes, na sua língua, nas suas noções de coração e mente, nas suas relações religiosas sociais e pessoais - numa palavra, na totalidade da sua vida".

Estas palavras são mais relevantes do que nunca na atualidade, época de "ataque maciço" à cultura, à história e à língua de todas as nações, grandes e pequenas, sem exceção. A tarefa dos professores é construir um processo de ensino e de educação que tenha como objetivo a formação de uma consciência nacional, desenvolvendo na criança um sistema de valores universais, compreendendo o papel da sua nação e do seu grupo étnico no processo histórico mundial.

Consequentemente, o manual proposto foi concebido para ajudar os estudantes do curso "Etnopedagogia" a resolver as seguintes tarefas: familiarizar os estudantes com as ideias e conceitos básicos da educação etnocultural na República do Cazaquistão, bem como com as teorias e conceitos da etnopedagogia; formar a visão holística dos estudantes sobre a pedagogia popular; equipar os estudantes com conhecimentos sobre os objectivos, meios e métodos da educação popular; formar competências para planear o trabalho etnopedagógico extracurricular; formar as competências pedagógicas dos estudantes:

Para cada tópico deste manual, é fornecida uma lista de literatura básica e suplementar.

Assim, este manual está estruturado de forma a que o aluno possa adquirir as competências etnopedagógicas necessárias de uma forma coerente, digerível e de acordo com o currículo.

1 Objeto e objectivos da etnopedagogia

Conceitos básicos

A pedagogia popular é um sistema de educação familiar e pública, baseado nas peculiaridades históricas nacionais de um determinado povo, nas suas tradições, costumes, fé, e que reflecte a sua mentalidade, constituição psicológica e predilecções emocionais e estéticas.

A etnopedagogia é uma ciência cujo objeto de estudo é a pedagogia popular enquanto prática tradicional de educação e formação, historicamente desenvolvida por vários grupos étnicos.

Ethnos é uma comunidade historicamente formada de pessoas unidas pela unidade da língua, da cultura, da história e do território;

Povo - uma classe ou estrato social (constituído principalmente pelas massas trabalhadoras), uma comunidade de pessoas historicamente formada, unida pela unidade da língua, cultura, história e território de habitação;

A educação é um impacto especialmente organizado, intencional e controlado do coletivo de educadores sobre a pessoa educada, com o objetivo de formar nela as qualidades que lhe são dadas, realizado em instituições educativas e educacionais e abrangendo todo o processo educativo.

1.1 A etnopedagogia como ciência. Objeto, sujeito e tarefas.

O termo "etnopedagogia" foi utilizado pela primeira vez na literatura pedagógica por G.N.Volkov, que o definiu como uma ciência "sobre a experiência das massas na educação da geração mais jovem, sobre os seus pontos de vista pedagógicos, a ciência da pedagogia da vida quotidiana, a pedagogia da família, do clã, da tribo, da nacionalidade e da nação. K.D. Ushinsky afirmava que a sabedoria popular é tão original no seu poder de observação, precisão de pensamento e conteúdo ideológico "que ninguém é capaz de competir com o génio pedagógico do povo". Cada nação é rica na sua cultura secular.

A etnopedagogia é um ramo da ciência pedagógica que estuda a educação popular e a pedagogia em diferentes grupos étnicos. Esta área do conhecimento está diretamente relacionada com a cultura tradicional de educação, o folclore e a pedagogia quotidiana. Está intimamente ligada à pedagogia geral e social, à psicologia, à etnopsicologia, à arqueologia, aos estudos de folclore e utiliza amplamente dados de todas as ciências sociais e humanitárias.

O objeto da etnopedagogia é a cultura pedagógica de um clã, tribo, nacionalidade, nação. Os traços de carácter nacional são o resultado da educação étnica e da influência do ambiente relevante, pelo que o estudo da cultura pedagógica tradicional de formações sub-étnicas (Pomors, Siberianos, etc.) é de particular relevância. Na etnopedagogia, o objeto de estudo pertence ao campo da pedagogia propriamente dita. O método pode ser parcialmente emprestado da etnologia, etnografia, antropologia e sociologia, mas deve ser preenchido com conteúdo pedagógico e aplicado juntamente com métodos puramente pedagógicos. O mesmo se aplica ao thesaurus etnopedagógico: os conceitos principais são pedagógicos, enquanto os termos etnológicos e antropológicos desempenham um papel auxiliar.

Objectivos da etnopedagogia:

-formação da auto-consciência nacional, reprodução da cultura étnica

- educação moral

- A educação para a dignidade nacional como base para o aperfeiçoamento moral do indivíduo

- educação mental, laboral e física

A formação de um ser humano perfeito é o principal objetivo da pedagogia popular.

No estudo científico da pedagogia popular, tal como indicado acima, é dado um lugar importante à abordagem histórica da mesma. A etnopedagogia só pode iluminar objetivamente os fenómenos pedagógicos reflectindo um certo nível de conhecimento pedagógico, a fase histórica do progresso espiritual do povo, na qual a ciência pedagógica surgiu e se desenvolveu. Durante muitos séculos, o povo formou os valores que deram origem à maior parte das realizações da vida moderna. O conhecimento das aquisições históricas e culturais dos antepassados é necessário não só para compreender, mas também para utilizar as melhores tradições na prática pedagógica atual. Ignorar o princípio do historicismo leva à separação do futuro do passado, à violação da cadeia histórica, à destruição da unidade natural das gerações. A etnopedagogia é também uma esfera da ciência histórica e pedagógica, que estuda a cultura tradicional e quotidiana - costumes, símbolos, tradições, folclore, artesanato em diferentes períodos históricos de desenvolvimento do Estado e da nação.

1.2 Métodos de investigação etnopedagógica.

Métodos de investigação científica etnopedagógica.

1) a nível teórico:

• Análise e síntese histórico-pedagógica (determinação dos objectivos, tema e tarefas da investigação, desenvolvimento de ideias pedagógicas e práticas educativas dos povos em diferentes períodos da sua etnogénese;

• identificar as origens e as principais direcções da génese da etnopedagogia);

• comparação e generalização (tratamento e interpretação etnopedagógica de índices bibliográficos, publicações historiográficas, etnográficas e folclóricas, materiais arqueológicos);

• histórico-estrutural (com a ajuda da qual o conhecimento histórico-pedagógico adquirido é estruturado e correlacionado com períodos específicos e ideias dominantes);

• construtivo-genético (consideração da transformação dos conhecimentos históricos e pedagógicos durante os séculos XIII-XX);

- axiológica (consiste na correlação entre os objectos em estudo e determinados valores, graças aos quais se procede à seleção dos objectos e à sua avaliação);

- personalístico-biográfico (utilizado para analisar a literatura pedagógica sobre as personalidades pedagógicas);

- preditiva (modelação, método de avaliação por peritos);

- diagnóstico (conversas, entrevistas, "memórias nas memórias");

- Observacional (observações em diferentes contextos familiares),

- das pessoas, estudo dos resultados do trabalho).

Literatura

1   Ebshova Z. Etnopedagogia: oku K¥raly. Almaty: Kazak Elem Tshler University 1997. - 230 6.

2   Volkov G.I. Etnopedagogia. - Cheboksary, 1974. - 376 c.

3   Etnopedagogia cazaque / Compilado por. C. Kaliev. - Almaty, 1996. - 22 c.

4   Kozhakhmetova K.J. Kazakh ethnopedagogy: methodology, theory, practice. Almaty: Gylym, 1998. - 316 c.

5   Kozhakhmetova K.J. Mekteptsh ulgtyk terbiye zhγiyesi: teoria e prática. - Almaty, 1997. - 142 6.

2 Fundamentos metodológicos da etnopedagogia

Conceitos básicos

A metodologia é a doutrina dos métodos de conhecimento científico e de transformação do mundo; a doutrina dos princípios, das formas e dos modos de construção das actividades de investigação.

A metodologia da pedagogia é a doutrina dos princípios, métodos, formas e procedimentos de conhecimento e transformação da realidade pedagógica.

A etnossociologia é uma disciplina científica desenvolvida na intersecção da sociologia e da etnografia. A etnossociologia pretende revelar a diversidade étnica dos processos sociais e, ao mesmo tempo, a condicionalidade social e a diversidade social do funcionamento dos traços étnicos da cultura e da vida quotidiana no seu sentido mais lato.

A etnopsicologia é um ramo da psicologia social que estuda as peculiaridades da constituição mental e do comportamento das pessoas em função da sua nacionalidade ou etnia.

A mentalidade é um modelo do mundo, ou seja, as ideias de uma pessoa sobre a realidade que a rodeia, sobre si própria, sobre as suas relações com essa realidade e com as pessoas (Leontiev AN.).

Mentalidade étnica - um modo de pensar próprio de um determinado povo, um isomorfismo estável (constância, invariância, invariante) inerente a uma cultura, que geralmente não é percebido e que é nessa cultura como natural e não sujeito a mudanças sob a influência da pressão ideológica.

2.1 Metodologia da pedagogia como base para a etnopedagogia

Em termos de composição dos componentes, K.J.Kozhakhmetova considera que a etnopedagogia é "um campo integrativo de conhecimento, um componente da ciência pedagógica, formado no seio da pedagogia na junção da etnofilosofia, etnopsicologia, etnocultura e etnografia, cujo objeto são as caraterísticas da educação étnica, levada a cabo continuamente ao longo da vida humana na família e nas instituições educativas.

Mais multidimensional é outro aspeto da pedagogia e da etnopedagogia - o processual, cuja análise comparativa nos permite afirmar que:

Em primeiro lugar, ao contrário da pedagogia oficial, a etnopedagogia não conhece formas colectivas de educação e exclui a criação de qualquer coletivo de crianças;

Em segundo lugar, a ausência de formas colectivas de educação, sob a forma de atribuição de crianças a um grupo social especial fora da família, implica a ausência da profissão de professor entre os membros adultos da comunidade - todos, sem exceção, acabam por ser professores numa comunidade como a que parece ser o ethnos tradicional;

Em terceiro lugar, a etnopedagogia caracteriza-se pela unidade inseparável do ensino e da educação *(t'^pm-t'^rbiye em cazaque),* que é inatingível para os sistemas educativos artificiais (a etnopedagogia é pedagogia, antes de mais, pedagogia familiar);

Em quarto lugar, a unidade da educação e da criação na etnopedagogia manifesta-se na ausência de um controlo total por parte dos adultos sobre as actividades e o comportamento das crianças, enquanto na pedagogia a díade "educação e criação" é complementada por uma terceira componente - "controlo" -, que implica uma diferenciação deliberada das actividades e do comportamento das crianças e dos adultos sob a forma de várias restrições às formas de atividade das crianças, e que há muito se transformou num fim em si mesmo, transformando a educação, enquanto socialização plena, numa espécie de treino;

Em quinto lugar, a caraterística mais eficaz da etnopedagogia é a sua ligação com a vida, com a prática de ensinar e educar a geração mais jovem; não precisou nem precisa de se preocupar em reforçar a sua ligação com a vida, pois é a própria vida; não houve necessidade de introduzir e divulgar as suas realizações entre as massas;

Em sexto lugar, a "escola" da etnopedagogia tem um "horário de aulas" permanente e igual para todos, independentemente da idade, ou seja, a exposição das crianças à cultura espiritual do ethnos é contínua.

Sem perseguir o objetivo de uma polémica aprofundada com as afirmações acima. Constatamos que elas têm interesse científico no sentido de identificar diferenças nas caraterísticas de conteúdo da pedagogia e da etnopedagogia. Isto também não significa que tenhamos o objetivo de opor os fenómenos em discussão. Pelo contrário, estamos a falar da sua comparação. Como é sabido, a comparação, sendo uma das componentes da análise comparativa, garante a objetividade da interpretação dos fenómenos comparados.

Assim, com base no que precede, pode argumentar-se que a semelhança entre a pedagogia e a pedagogia étnica no aspeto substantivo se exprime na tradução da experiência social, no processo através do qual uma pessoa aprende valores sociais, enquanto as diferenças se manifestam no aspeto processual - as formas de transmitir a experiência das gerações anteriores às gerações seguintes.

Neste sentido, a metodologia da etnopedagogia é:

1)	ao nível da metodologia científica privada;

2)	por conteúdo disciplinar - conhecimentos de etnopedagogia conhecimentos sobre o objeto da etnopedagogia, o lugar da etnopedagogia no sistema das ciências pedagógicas, a sua inter-relação com outras ciências, as finalidades e os objectivos da etnopedagogia;

3)	por natureza - conhecimento dos princípios, das formas e dos modos de construção da investigação etnopedagógica com referência às abordagens gerais conhecidas em pedagogia, bem como em etnologia, etnofilosofia, etnopsicologia, estudos etnoculturais.

Assim, uma vez que a etnopedagogia é uma parte constituinte, mas relativamente independente, da ciência pedagógica e combina etnologia, etnofilosofia, etnopsicologia, ciência etnocultural, a sua base metodológica deve ser as principais disposições das ciências acima mencionadas, com a prioridade obrigatória e o papel orientador da pedagogia.

2.2 A importância da teoria etnos para a etnopedagogia

"Ethnos", na tradução do grego, significa "tribo", "povo". Na ciência, este conceito começou a ser utilizado no século XIX.

Os fenómenos étnicos (nacionais) estão relacionados com quase todos os aspectos da vida humana, pelo que são estudados por muitas disciplinas. Em primeiro lugar, é a etnografia, uma vez que as etnoses são o principal objeto do seu estudo. No século XX, esta ciência começou a chamar-se "etnologia". Sob o nome de "antropologia cultural", faz parte dos estudos culturais modernos.

A etnologia (etnografia, ciência dos povos) é uma disciplina científica. Tanto na prática nacional como na prática mundial, foram e são utilizados diferentes termos para designar a etnologia. No passado, o termo "etnografia" era utilizado com mais frequência; hoje em dia, os especialistas estão mais inclinados a eliminar as diferenças com a terminologia aceite na ciência mundial e preferem o termo "etnologia".

Uma vez que a etnologia estuda a atividade vital do ethnos e a etnopedagogia estuda as particularidades étnicas da formação e da educação, é razoável determo-nos mais detalhadamente em algumas teorias do ethnos.

A teoria do ethnos de L.N. Gumilev. De acordo com o seu conceito, ethnos é um coletivo de pessoas estável, formado naturalmente, que se opõe a todos os outros colectivos semelhantes, que é determinado por um sentido de complementaridade e que se distingue por um estereótipo peculiar de comportamento, que muda naturalmente no tempo histórico. Cada etnia é internamente heterogénea: dentro dela podem existir sub-etnias, consórcios e convixias, que podem surgir e desintegrar-se, mas o sentido de unidade da etnia como um todo não se perde. Estas unidades intra-étnicas são necessárias para manter a unidade étnica. (Subethnos é um grupo etnograficamente diferente da massa principal: os consórcios são grupos de pessoas unidas por um destino histórico (seitas, bandos, atéis); se os consórcios se mantiverem durante várias gerações, tornam-se convixia, ou seja, grupos de pessoas com a mesma vida quotidiana caraterística e laços familiares).

A teoria do ethnos de Y.V. Bromley. O ponto de partida da sua teoria é que o ethnos combina de diferentes formas, por um lado, as propriedades e caraterísticas étnicas, por outro lado, aquelas que são consideradas como condições para a formação e existência de elementos étnicos propriamente ditos.

Ethnos tem, por conseguinte, uma natureza dupla e dois significados - restrito e lato. Ethnos em sentido restrito era designado por "ethnikos" (adjetivo grego de "ethnos") e incluía caraterísticas étnicas, ethnos em sentido lato era designado por organismo etno-social (ESO) e parecia uma combinação de elementos étnicos e factores socioeconómicos.

Y.V.Bromley observa que, ao distinguir grupos étnicos entre outras comunidades de pessoas, é impossível não prestar atenção à presença de uma caraterística externa muito clara das tribos, nacionalidades, nações e nacionalidades: cada uma destas formações tem o seu próprio nome próprio - o seu próprio nome, etnónimo. A presença de um etnónimo pressupõe a existência de autoconsciência em cada comunidade. Ethnos representa apenas aquela comunidade cultural de pessoas que se reconhece como tal, distinguindo-se de outras comunidades.

Teoria sistémica-estatística ou de componentes da etnicidade.

O Ethnos é um sistema complexo, historicamente surgido e em evolução, com uma composição (estrutura) multicomponente:

Componente T - o território de assentamento da etnia.

B - reprodução e estrutura demográfica.

E - produção e actividades económicas.

$ é um sistema de relações sociais de instituições.

E - formas linguísticas de atividade discursiva.

K - Criar e preservar a cultura.

C - vida quotidiana (costumes, hábitos, rituais, normas de comportamento).

P - aspectos psicológicos da perceção do próprio ethnos (consciência de si).

R - folclore tradicional.

P. - Um sistema de contacto e interação pessoal.

A teoria da etnicidade envolve a análise das questões da psicologia étnica no conhecimento do carácter nacional, dos sentimentos, da autoconsciência, da mentalidade étnica e da sua formação intencional.

A etnopsicologia é um ramo interdisciplinar do conhecimento que estuda as caraterísticas étnicas da psique das pessoas, o carácter nacional, as regularidades da formação e as funções da autoconsciência nacional, os estereótipos étnicos, etc.

As definições anteriores mostram que existem muitos pontos de contacto comuns entre a etnopsicologia e a etnopedagogia: formação da consciência nacional, carácter nacional, etc.

Os seguintes conceitos teóricos da etnopsicologia têm significado metodológico para a etnopedagogia.

Primeira posição. A organização da sociedade, incluindo o etnos, depende da dinâmica das condições biosféricas e, portanto, os mecanismos de regulação sócio-psicológica do homem estão a mudar. Isto obriga os educadores a repensar criativamente a experiência histórica.

Segunda posição. A estrutura da psicologia nacional, que inclui os seguintes componentes:

-    costumes e tradições nacionais, sentimento nacional, carácter nacional

(Sarsenbaev N.);

- o carácter nacional, a consciência dos interesses e das necessidades nacionais, a autoconsciência nacional (Zhukesh K.);

- carácter nacional, sentimento nacional, gosto nacional, autoconsciência nacional (Yelikbayev U.);

- carácter nacional, sentimento nacional, consciência nacional (Djandildin);

Posição três. Conceitos científicos relacionados com o fenómeno da mentalidade:

- A mentalidade é uma caraterística integral das pessoas que vivem numa determinada cultura, que permite descrever a peculiaridade da visão que essas pessoas têm do mundo que as rodeia e explicar a especificidade da sua resposta a esse mundo (Dubov I.G.).

Conclusões: Uma vez que a etnopsicologia explora as categorias de

As principais disposições da etnopsicologia são a base teórica e metodológica da etnopedagogia.

Literatura

1   Antologia do pensamento pedagógico do Cazaquistão. / Compilado por K. Zharikbayev, S. Kaliyev. K. Zharikbaev, S. Kaliev. - Almaty: Rauan, 1995. - 512 c.

2   Baltabaev M.H. Pedagogical culturology. - Almaty: RIC KAO com o nome de I.Altynsarin, 2000. - 268 c.

3   V.S.Bezrukova. Pedagogia. Pedagogia projectiva: Livro de texto para institutos de engenharia e pedagogia e escolas técnicas industriais e pedagógicas. - Ekaterinburg: "Business Book", 1996. - 300 c.

4   Vinogradov G.S. Narodnaya pedagogika. - Irkutstk, 1926. - 293 c.

5   Zhukesh ^. ¥lttyk psychologiologiiynyn, sipaty: KΘmekshi kural. - Almaty: Respubliki baspa kabinetu 1993. - 196 6.

6   Zhumabaev M. Tavdamaly. - Almaty: Ana tsh, 1992. - 106 6.

7   Kenzheakhmetuly S. Kazaktyts Salt, d9styrleri men edet- Furyptary. - Almaty: Ana ⅛ii, 1994. - 82 6.

8   Kozhabekuly B. Babyrnama. - Almaty: Atatek, 1993. - 273 6.

9   Kozhakhmetova K.J. Kazak khalyk shygarmashy.ajn't otbasynda paidalanu. - Almaty: IPK Alatau, 1997. - 36 6.

3 O pensamento etnopedagógico no Cazaquistão

Conceitos básicos

A etnopedagogia é uma ciência cujo objeto de estudo é a pedagogia popular enquanto prática tradicional de educação e formação, historicamente desenvolvida por vários grupos étnicos.

A pedagogia popular é um sistema de educação baseado nas peculiaridades histórico-nacionais de uma determinada nação, nas suas tradições, costumes, fé, e que reflecte a sua mentalidade, constituição psicológica e predilecções emocionais e estéticas. A pedagogia popular acumulou as principais ideias pedagógicas da experiência secular do povo: cooperação em actividades de vida conjuntas, dedicação espiritual e caridade, elevação das necessidades espirituais sobre as "terrenas" e muito mais.

O zhyrau é o tipo de poeta mais antigo da poesia cazaque. A própria palavra *"zhyrau"* vem da palavra *"zhyr"* - *um* poema, uma canção, é, antes de mais, um criador. Nas condições da vida nómada, os zhyrau desempenhavam muitas funções sociais. Muitos zhyrau que viveram nos séculos XV e XVIII não eram apenas poetas, mas também chefes tribais, chefes de batalhas.

3.1.História do desenvolvimento do pensamento pedagógico do povo cazaque

A história do desenvolvimento do pensamento pedagógico do povo do Cazaquistão pode ser condicionalmente dividida em **5** fases que correspondem aos principais períodos de desenvolvimento social:

1   Etapa 6-7-15 cc. - a pedagogia popular e as origens do pensamento pedagógico científico. A pedagogia popular dos povos turcos acumulou uma rica experiência na educação da geração mais jovem e generalizou requisitos específicos para a educação e a criação de crianças nómadas. Assim, os requisitos da personalidade de um jigit são expressos na expressão alada "Sepz kyrly biz syrly" (tradução literal: "um verdadeiro jigit tem oito qualidades e sabe guardar um segredo"). No início da Idade Média, foram abertos mektebs - escolas muçulmanas elementares e madrassas - instituições de ensino religioso de tipo médio e superior. As ideias e actividades pedagógicas de Abu Nasir Al-Farabi (870-950), Mahmud Kashgari (XI), Yusuf Balasaguni (XI) e outros devem ser atribuídas ao mesmo período.

2   etapa - o desenvolvimento do pensamento pedagógico cazaque desde o século XV até à segunda metade do século XIX. Nesta altura, os pensadores da estepe - zhyrau - entraram na arena pública. No período da invasão Dzungar (séculos XII - XVIII), as ideias pedagógicas são representadas pelas obras de zhyrau e akyns: Asan-Kaigy (XY) Bukhar-zhyrau (2668 - 1787). Nas suas obras, enalteciam a **necessidade de** proteger a terra natal dos estrangeiros, proclamavam o conhecimento como uma riqueza inestimável, censuravam a ganância, o orgulho, a preguiça e a ignorância.

3   fase - a segunda metade do século XIX. - Até 1917, o período de desenvolvimento intensivo das ideias iluministas. Neste período, um lugar especial pertence ao etnógrafo, orientalista, educador e viajante Chokan Valikhanov (1835-1864 gg.) Contribuição significativa para a formação da pedagogia cazaque Ibrai Altynsarin (1841-1889 gg.).As actividades de esclarecimento de Abai Kunanbayev (1845-1904) e as ideias progressistas de Sultanmakhmut Toraigyrov (1893-1920) e Shakrim Kudaiberdiyev (1858-1931) são de importância significativa.

Fase 4 - 1917 - 1991 - desenvolvimento da pedagogia como ciência no período soviético. Nos **anos 20-30,** Akhmet Baitursynov (1873-1938) - educador, professor, organizador do ensino público - deu um contributo significativo para o desenvolvimento do pensamento pedagógico; Magzhan Zhumabaev (1889-1935) - autor de muitas publicações científicas, manuais, material didático sobre pedagogia e psicologia; Myrzhakyp Dulatov (1885-1935) - figura pública, professor, autor de muitos manuais escolares para as escolas primárias do Cazaquistão. Nos **anos 30-40** do século XX, uma plêiade de escritores, cientistas e figuras culturais dedicou-se a actividades pedagógicas e à criação de manuais originais para as escolas do Cazaquistão: Myrzhakyp Dulatov (1885-1935), Magzhan Zhumabaev (1893-1938), Saken Seifullin (1894-1938   ), Mukhtar K   .
Dulatov (1885-1935   ),   Mukhtar   K.
Dulatov (1894-1938   )   e   Mukhtar   K.
Dulatov (1885-1935   ).

Auezov (1897-1961   ), Sabit Mukanov (1900-1973), Gabit Musrepov (1902-1985) e outros.

Desde 1991, iniciou-se **a quinta fase de** desenvolvimento da pedagogia do Cazaquistão independente, em que se procuram formas de otimização do sistema educativo do Cazaquistão e de integração no espaço educativo mundial.

Consideremos as ideias pedagógicas mais significativas dos iluministas da Ásia Central e do Cazaquistão.

O notável cientista-enciclopedista Abu Nasir Al-Farabi (870950) é o fundador da filosofia medieval do Oriente. Não há praticamente nenhum domínio do conhecimento em que o pensador não tenha deixado juízos profundos e conjecturas engenhosas. Mesmo durante a sua vida, recebeu o título de "Segundo Professor" (depois de Aristóteles). E isso corresponde à realidade, uma vez que ele resolve uma série de problemas reais de didática nas suas obras científicas e filosóficas. Na herança pedagógica de al-Farabi são apresentadas as questões do desenvolvimento, da criação de meios de ensino, da educação. Nesta direção, obteve êxitos notáveis.

Frequentemente, no ensino oral, Al-Farabi utilizou métodos de conversação heurística (diálogo) e de aprendizagem baseada em problemas, com base na resolução de um problema controverso.

O número das suas obras, segundo os investigadores do património de Farabi, atinge cerca de 200, das quais mais de 80 chegaram até nós.

Yusuf Balasaguni. (1019-1085). No seu livro "Kutadgu bilig" ("Conhecimento gracioso"), escrito em língua turca sob a forma de um poema, o autor apresenta um extenso programa para a formação de uma personalidade completa e coloca a educação em primeiro lugar.

Y.Balasaguni deu um grande contributo para o desenvolvimento da educação moral da geração mais jovem. O seu livro revela as formas de educar uma personalidade moral. A honestidade, a veracidade, a bondade, a diligência, a humanidade e a lealdade devem ser educadas numa criança. O poeta condena qualidades negativas como a maldade, a hipocrisia, a preguiça, a embriaguez, a devassidão e apela à moderação e à contenção. O seu tratado contém uma série de recomendações valiosas e práticas sobre a organização da educação, não só para as crianças, mas também para os adultos. Se queres ser um homem, domina o conhecimento. Um homem sem conhecimento é um ignorante.

Os pontos de vista pedagógicos de Y. Balasagunsky reflectem as principais disposições da pedagogia popular. O poeta, tal como o povo, considera a educação familiar como a base para a formação do carácter moral e psicológico das crianças.

Mahmud Kashgari (1028 ou 1029, Barskan, perto do lago Issyk-Kul - 1101 ou 1126, Opal, perto de Kashgar) foi um notável filólogo e lexicógrafo turco. Nasceu no estado de Karakhanid. É conhecido pela sua "Coleção de dialectos turcos" *(Divan lugat at-turk)*, um dicionário-guia de várias línguas turcas. *Mahmud Kashgari* nasceu na aldeia de Baryshkhan, perto de Issyk-Kul. Estudou e trabalhou em Kashgar. Deixou aos seus descendentes a obra "Diwani Lugat ta-Turk" ("Dicionário dos dialectos turcos"). Esta obra foi publicada pela primeira vez em 1904 pela Academia de Ciências Húngara. O conteúdo e a intenção ideológica do "Dicionário" vão para além do aspeto linguístico. Esta obra é uma espécie de enciclopédia da época, a principal fonte de informação sobre diferentes esferas da vida socioeconómica, cultural e científica dos povos do Cazaquistão. Para além de dados filológicos, contém ideias originais de carácter ético e pedagógico e moral e psicológico, para além de informação do campo da anatomia, medicina, medicina veterinária, astronomia e geografia, pode encontrar-se informação sobre outros ramos do conhecimento. De particular valor são as informações sobre a origem de muitos povos de língua turca, sobre os antepassados dos actuais cazaques - Kipchaks e Kanli. Também se pode encontrar aqui a glorificação de emoções humanas ardentes, reflexões sobre o significado da existência, condenação da ganância e da cobardia.

A ideia principal da filosofia de M. Kashgari é a ideia da unidade do homem e da natureza, o apelo aos fundamentos espirituais e morais do homem através da compreensão da língua nativa: "A língua é a base dos fundamentos, o início da educação e da misericórdia, porque uma palavra inteligente conduz a um prato de ouro, e uma palavra amarrada não pode ser desatada com os dentes, palavras explicativas e discursos conduzem à sua cognição, ciência, conhecimento".

Khoja Ahmet Yasawi, *Khoja Ahmet Yassawi* foi um poeta sufi. Nasceu perto da povoação de Sairam. Recebeu os seus primeiros conhecimentos do xeque local Arslan Baba e, depois, em Bukhara, assistiu a um curso de palestras sobre o sufismo, dadas por Zhusup Hamadani. O início da sua atividade de pregação ativa coincidiu com a invasão de Kara-Kitai. Mais tarde, o poeta-educador mudou-se para Iasi (atual Turquestão). Aqui escreveu o seu famoso livro "Divan-i hikmet" ("O Livro da

Sabedoria"), que foi publicado pela primeira vez em Kazan, em 1878. As ideias éticas e pedagógicas de Yassawi, à luz da doutrina filosófica do sufismo, encerram as normas básicas da ética da vida das pessoas pobres ("Procuro os corações dos sem-abrigo, dos pobres, dos órfãos e dos mendigos, e evito as pessoas orgulhosas e presunçosas", "Quem cuida dos solitários, quem cuida dos solitários, dos pobres e dos órfãos, merece a aprovação e a ajuda de Deus"), apelando à paciência e ao ascetismo ("Contenta-te com o teu pão de cada dia"), bem como denunciando os representantes oficiais do Islão ("Quem comeu gordura e impureza, louvado do trono por homicídio, é pó e cinza").

Yassawi adaptou a sua doutrina às tradições populares dos nómadas, combinando de forma flexível os cânones do Islão com o panteísmo das doutrinas sufis orientais, com elementos de xamanismo das tribos turcas locais.

Um dos temas principais da sua filosofia é a harmonia do mundo, a unidade do tempo e do espaço, que conduz à unidade do homem e de Deus, do macrocosmo e do microcosmo. Segundo Yassawi, o microcosmo é a forma externa do desenvolvimento humano, enquanto o macrocosmo é o seu conteúdo interno ("O homem é o mundo inteiro, uma pequena amostra do grande mundo"). A base da sua filosofia é a ideia de um homem perfeito, a ascensão à verdade, que é possível sob a condição de passar quatro etapas: marihat - lei, tarihat - ensino da história, mahripat - oração da noite, ahihat - verdade. Com o exemplo da sua própria vida, o pensador provou as infinitas possibilidades da mente e do espírito humanos.

Ahmet Zhuyneki nasceu na aldeia de Zhuynek, perto do Turquestão. Era cego de nascença. O seu poema didático "Hikbatul hakayik" ("O Dom da Verdade") caracteriza-se pela sua orientação democrática em comparação com as obras dos seus antecessores. O poema é composto por 504 linhas. A primeira secção do poema é dedicada a reflexões sobre os benefícios do conhecimento e os malefícios da ignorância, a segunda secção - poemas sobre uma atitude cuidadosa em relação à língua e à cultura da fala, a terceira secção - poemas sobre a impermanência e a mutabilidade do mundo.

O principal conteúdo ideológico do poema é o elogio da generosidade, da simplicidade, da polidez, do orgulho, bem como a condenação da ignorância, da avareza, da grosseria, da ganância: "A ferida de uma seta penetrante é curável, a ferida de uma língua má não cicatriza", "Deita fora as tentações mundanas e veste as vestes de um homem justo, a mais bela veste é a veste da justiça", "Um homem impiedoso é como uma árvore infrutífera: Uma árvore que não dá fruto só serve para lenha", "Mil amigos são poucos, um só inimigo é muito", "Aquele que tira a cabeça a cada falta fica sem uma só alma viva neste mundo", "Aquele que tem um bom amigo torna-se ele próprio um bom amigo".

Nos séculos XIX e XIX, entraram na cena pública pensadores-zhyrau que, graças ao dom das palavras poéticas, exerceram uma certa influência sobre as massas e adquiriram grande autoridade. Os tolgau políticos (poemas filosóficos) dos zhyrau do Cazaquistão tinham não só valor didático e aplicado, mas também ideológico e estético. Asan-Kaigy, Shalkiz-zhyrau e Zhiyembet zhyrau destacaram-se pela sua orientação pedagógica. Asan-Kaigy Zhyrau sonhava com um futuro feliz para o povo do Cazaquistão. Zhyrau acreditava que na Terra, nalgum dos seus cantos, existe um lugar feliz onde não há opressão nem catástrofes, nem frio nem fome, onde as pessoas vivem bem e onde esta Terra se chama "Zher-yuk" (Terra Prometida). As obras de Shalkiiz-zhyrau e Zhiembet-zhyrau evocaram pensamentos interessantes sobre a personalidade de um nómada, sobre as peculiaridades de um homem bom e mau. Nas suas obras, enalteciam a **necessidade de** defender a terra natal dos estrangeiros, proclamavam o conhecimento como uma riqueza inestimável, censuravam a ganância, o orgulho, a preguiça e a ignorância.

Ybrai Altynsarin (1841-1889) é o fundador da pedagogia cazaque. Foi um educador-iluminista, poeta e prosador, publicista, criador do alfabeto cazaque baseado na escrita russa. Dedicou-se à organização de instituições de ensino para a formação de professores do ensino primário. Altynsarin propôs um sistema original de escolas para a população do Cazaquistão: escolas centrais (de duas classes) com internatos com um período de estudo de seis anos, que funcionavam de acordo com o currículo e os programas das escolas distritais; escolas volost (de uma classe) com internatos com um período de estudo de quatro anos; escolas móveis aul com um período de estudo de dois anos. Segundo I. Altynsarin, as escolas aul deveriam funcionar de acordo com os programas dos dois primeiros departamentos das escolas volost. Considerava a educação não como um fim em si mesmo, mas como um meio e como uma arma necessária para a juventude na luta ativa pela transformação do ambiente social. Considerava que a escola devia fornecer conhecimentos reais que assegurassem a realização do objetivo de desenvolvimento mental e de aperfeiçoamento moral da personalidade do aluno. O ensino devia ser ministrado na língua materna. Mas I. Altynsarin não pensava limitar a educação do povo cazaque apenas às escolas primárias. Considerava que era necessário criar escolas secundárias e educar as crianças cazaques nas universidades.

Chokan Valikhanov (1835 - 1865) foi um historiador, publicista, linguista, geógrafo, geógrafo, musicólogo, arqueólogo, geógrafo, viajante e democrata iluminista. Condenou veementemente a situação em que o clero muçulmano concentrava o ensino público nas suas mãos, criticou os mektebs e as madrasahs, onde os alunos eram obrigados a aprender de cor textos do Corão sem os compreender. Falando sobre a natureza da educação dos cazaques, Valikhanov apresentou-a como humana e popular, acreditando que só o conhecimento e a educação dão força a uma pessoa na luta pela justiça social, só o conhecimento e o esclarecimento podem conduzir os nómadas à via do livre desenvolvimento e do progresso social. Os pontos de vista de Ch. Valikhanov sobre a psicologia social, em particular sobre a etnopsicologia, o seu desejo de descobrir a natureza de vários factores etnopsicológicos falam da sua visão materialista do mundo. A questão das caraterísticas psicológicas dos povos da Ásia Central, do Cazaquistão e do Turquestão Oriental, Ch. Valikhanov relacionou-a com os problemas do desenvolvimento cultural e apelou ao renascimento do espírito do povo". O cientista entendeu a manifestação das peculiaridades do carácter popular de uma forma multidimensional. Por isso, em várias das suas obras, analisou escrupulosamente as peculiaridades da vida quotidiana, as tradições, os costumes, a língua e a comunicação, a religião, etc.

Shakarim Kudaiberdiev (1858 - 1931) foi um poeta-pensador, filósofo, iluminista e compositor. Shakarim não estudou em instituições de ensino especiais, adquiriu conhecimentos por si próprio. Dominava as línguas turca, árabe, persa e russa. Não se limitou a estudar apenas a poesia oriental nativa e clássica, as melhores amostras da cultura russa e europeia, mas estudou cuidadosamente obras de filosofia, psicologia, pedagogia, ética e religião. Nas suas obras, o poeta exortou a juventude cazaque a dominar o conhecimento, a assimilar as conquistas da ciência e a utilizá-las na prática, a ser honesta e bondosa, paciente, contida, a abster-se de acções imprudentes, a criticar os costumes ignorantes e os preconceitos dos seus contemporâneos. O pensador erudito deu um lugar muito importante na sua obra ao conhecimento e à ciência, às pessoas cultas e científicas, porque via nelas as esperanças associadas à transformação do mundo interior e exterior.

Myrzhakyp Dulatov (1885-1935) foi um talentoso jornalista e escritor. Formou-se na escola de duas classes de Turgai e em cursos de pedagogia na escola da cidade de Kostanay, após o que trabalhou como professor numa escola aul e estudou independentemente as obras de escritores russos e ocidentais. Deixou um rico património espiritual, que reflecte o pensamento, a experiência e as tradições do povo nómada, bem como a sua peculiar coloração estética e ética nacional. Em 1908, publicou as colectâneas de poemas "Oyan Kazak G" ("Acorda, Cazaque!"), "Masa" (mosquito) e outros. Prosseguindo e desenvolvendo as ideias pedagógicas do professor cazaque Y. Altynsarin, prestou especial atenção à fundamentação científica e metodológica do processo educativo, incluindo novos métodos, currículos, aulas conduzidas tendo em conta os princípios da teoria da aprendizagem e da didática. Segundo M. Dulatov, o ensino das crianças é uma ciência completa. As crianças devem ser ensinadas a pensar sequencialmente, a lembrar-se do que lêem por ordem e a conhecer o conteúdo na íntegra.

Magzhan Zhumabaev (1893-1938) foi um poeta, prosador, professor e tradutor. Formou-se no Seminário de Professores de Omsk. Instituto Literário de Moscovo. M.Zhumabaev - um dos primeiros representantes do Cazaquistão e da Ásia Central, continuou dignamente as tradições dos laços culturais entre o Oriente e a Europa. Esteve nas origens da ciência pedagógica do Cazaquistão. É o autor do primeiro livro didático sobre pedagogia, no qual deriva os fundamentos do processo pedagógico da psicologia da aprendizagem. As suas obras "Pedagogia" (1922), "A fala nativa na escola primária" (1923), "Métodos de ensino da fala nativa na escola primária" (1925), "Formação em alfabetização" (1926), "Cartilha para adultos (1929) e outras lançaram as bases da etnopedagogia cazaque. O manual de pedagogia deu um contributo significativo para a criação de terminologia pedagógica na língua cazaque.

M. Zhumabaev destaca a educação como uma secção especial separada do conhecimento pedagógico. O autor entende por educação o processo de formação e desenvolvimento de um homem-cidadão, um filho digno do seu povo que trabalha em seu benefício.

Mukhtar Auezov (1897-1967): entre os primeiros escritores cazaques que se debruçaram sobre os problemas da educação, conta-se o famoso escritor soviético M.O.Auezov, a quem se chama, com razão, cientista-educador. A sua atividade literária e pedagógica foi influenciada por Ch.Valikhanov, I.Altynsarin, Abay. Em 1930, M. Auezov publicou em Kzyl-Orda o livro "Adolescência", que foi compilado de acordo com o currículo das classes primárias como um livro didático para escolas de jovens. O livro deve ser considerado como um trabalho científico, que explica os novos fenómenos políticos que surgiram na vida pública do povo cazaque. As obras pedagógicas de M. Auezov desenvolveram os princípios básicos da metodologia do trabalho independente dos estudantes e da autoeducação. Na sua opinião, o professor deve ensinar as crianças a adquirir conhecimentos de forma independente, a trabalhar com um livro ou um jornal, a expor os seus pensamentos oralmente e por escrito, a tirar conclusões e generalizações corretas. Para este efeito, é necessário aplicar métodos de ensino que dêem competências para adquirir conhecimentos de forma independente, para pensar de forma independente.

Literatura

1   Volkov G.I. Etnopedagogia. - Cheboksary, 1974. - 376 c.

2   Etnopedagogia cazaque / Compilado por. C. Kaliev. - Almaty, 1996. - 22 c.

3   Kozhakhmetova K.J. Etnopedagogia do Cazaquistão: metodologia, teoria, prática. Almaty: FbiΛbiM, 1998. - 316 c.

4   Kozhakhmetova K.J. Mekteptsh ulgtyk terbiye zhүyesi: teoria e prática. - Almaty, 1997. - 142 б.

5   Ushinsky K.D. Sobre a nacionalidade no ensino público / Ped.opis: em 6 vol./Compilado por S.F.Egorov. S.F.Egorov. - Moscovo: Pedagogia, 1988. T. 2. - 527 c.

6   Pedagogia étnica: um livro de leitura / Pyatin V.A., Trenev A.M., Alekseeva G.V. et al. - Astrakhan, 1995. - 276 c.

7   Antologia do pensamento pedagógico do Cazaquistão. K.

Zharikbaev, S. Kaliev. - Almaty: Rauan, 1995. - 512 c.

8   Baltabaev M.H. Pedagogical culturology. - Almaty: RIC KAO com o nome de I.Altynsarin, 2000. - 268 c.

4 Teoria da educação étnica

Conceitos básicos sobre o tema

A educação étnica é um processo intencional de formação do sujeito do ethnos. Nesta fase, para compreendermos a essência da categoria "sujeito do ethnos", limitar-nos-emos à seguinte formulação: "uma personalidade desenvolvida de forma abrangente e harmoniosa", cuja formação é o objetivo geral da pedagogia.

Pedagogia popular (sinónimo - etnopedagogia) - um conjunto de conhecimentos e competências de educação, preservados nas tradições etno-culturais, na criatividade ética e artística popular, nas formas sustentáveis de comunicação e interação específicas de cada país entre representantes de diferentes gerações e é o meio mais importante para assegurar a unidade e a continuidade das gerações, a integridade da etnia.

A educação popular é um sistema nacional de educação de uma pessoa integral em formação, com a sua autoconsciência nacional, a sua atitude moral, estética e ecológica perante a realidade.

4.1 A educação como um processo de formação e desenvolvimento da personalidade com objectivos definidos

Ao caracterizarem a educação, as ciências sociais e pedagógicas começam por sublinhar a sua *base social.* A educação do homem surge e realiza-se apenas na sociedade humana e está profundamente dependente das caraterísticas e do nível de desenvolvimento da sociedade. O homem não é apenas um ser biológico, mas também um ser social, o que significa que a sua formação depende da organização da sociedade, do sistema educativo do país. A estrutura e o carácter do sistema são, de uma forma ou de outra, condicionados pelo Estado, pelas tendências de desenvolvimento da sociedade. O Estado, as autoridades exprimem estas tendências e criam sistemas educativos adequados, condições de educação.

Os psicólogos interpretam o processo de educação como um processo de interiorização: é a transferência de conhecimentos, normas e valores sociais, externos em relação à personalidade, para o plano interno da personalidade, ou seja, a formação de novas e novas estruturas psicológicas da personalidade. Com base nisto, torna-se possível o processo inverso - *exteriorização - a* transferência do plano interno para o plano externo, para a atividade entre as pessoas. Assim, na interação com o ambiente, ocorre a formação de uma estrutura psicológica complexa da personalidade.

O processo de educação (enquanto pedagógico) *é uma atividade intencional e organizada para a formação e o desenvolvimento de uma pessoa, caracterizada pela interação entre educadores e alunos e realizada no âmbito de um sistema pedagógico (instituição).*

Na história da escola e da pedagogia, já surgiram princípios clássicos, tradicionais, reconhecidos por mais ou menos toda a gente, confirmados pela experiência e pela investigação,   Reflectem as regularidades mais essenciais do processo de educação. Constituem a base, o sistema de princípios e testemunham uma certa compreensão do processo de educação, não só do que é, mas também do que deve ser e do que os professores devem fazer para tornar a educação mais bem sucedida. Os princípios, sendo um sistema de ideias orientadoras, requisitos para o processo de educação, não só reflectem as leis e são formulados com base nelas, como também podem ser o resultado da vontade pedagógica, da escolha desses e não de outros princípios.

Assim, os princípios podem ser definidos primeiro por um determinado conceito pedagógico e depois verificados no decurso da prática e das experiências, ou seja, testados experimentalmente quanto à sua veracidade ou adequação à situação real da educação.

Na literatura científico-metodológica e pedagógica, o leitor pode ver, à primeira vista, uma variedade de princípios de educação, mas se pensar bem, em geral, é apresentado um sistema de princípios que reflecte o conceito de educação humanista. Citemos os principais:

- a educação deve ter como objetivo o desenvolvimento da personalidade, a formação da individualidade criativa;

- a educação deve ser efectuada de acordo com a idade e as caraterísticas individuais dos educandos;

- A educação deve realizar-se no processo de domínio da cultura pelos alunos e de acordo com as peculiaridades do ambiente cultural e do meio envolvente;

- a educação requer o envolvimento das crianças em actividades activas de desenvolvimento consciente;

- A educação deve estar intimamente ligada à vida da sociedade envolvente, ao trabalho, à experiência e à vida do aluno;

- A educação deve ser feita no coletivo e com a ajuda do coletivo;

- a educação deve basear-se nos aspectos positivos do aluno;

- Na educação, é necessário combinar a orientação pedagógica com a auto-disciplina e a independência dos alunos.

Se destacarmos as mais importantes destas afirmações, obteremos as seguintes: a educação deve ter como objetivo o desenvolvimento da *personalidade* criativa, a individualidade no processo de *atividade dos* alunos no domínio da *cultura* e com base na sua idade e *diferenças* individuais. Sublinhamos mais uma vez que um tal sistema de princípios e o conceito de educação neles refletido são determinados não só pelo sistema de leis da educação, mas também por uma série de factores objectivos acima mencionados, bem como por um fator subjetivo - a vontade da comunidade pedagógica ou de cada professor.

4.2 Uma teoria da educação étnica.

Ao longo da história, o homem foi e continua a ser o objeto e o sujeito da educação. A experiência de educação acumulada ao longo dos séculos, combinada com conhecimentos empíricos testados na prática, constitui o núcleo da pedagogia popular. No entanto, deve ter-se em conta que a perspetiva pedagógica do povo, formada sem formação pedagógica profissional, com base apenas em conhecimentos empíricos, foi, em certa medida, espontânea. O próprio processo de educação, o contacto pedagógico quotidiano com as crianças nem sempre era consciente. Nestas condições, é notável a capacidade do povo para selecionar o melhor, o mais razoável, o que vai ao encontro do ideal popular na educação de uma pessoa real. A partir destas posições, a pedagogia popular pode ser considerada como uma síntese da experiência pedagógica nacional. A teoria moderna da pedagogia, enriquecida pela experiência popular da educação, dá a oportunidade de melhorar significativamente a cultura pedagógica do povo, para garantir que as massas desempenham um papel ativo no desenvolvimento do pensamento pedagógico como parte da cultura universal. As regras de vida e os métodos de educação são as primeiras leis que uma pessoa encontra na sua vida

Partindo do facto de que a educação, em filosofia, se define como a reprodução da experiência social num indivíduo, como a tradução da cultura humana numa forma de existência individual, e também, reconhecendo que qualquer cultura humana, e o próprio homem, têm, antes de mais, uma origem étnica, é legítimo afirmar que a educação tem sempre uma origem étnica.

A sabedoria popular sobre a educação é uma expressão de séculos de cultura pedagógica.

Se fizermos uma análise comparativa das obras dos grandes pensadores e da visão popular da educação, podemos constatar a sua completa unidade, principalmente sob a forma de aforismos fáceis de memorizar. A palavra figurativa, que desempenha, por um lado, uma função pictórico-expressiva e, por outro, uma função informativa-comunicativa, serviu, em certa medida, de elo de ligação entre as admoestações dos pensadores e os aforismos mais ricos do povo. Os grandes pedagogos de diferentes épocas e povos desenvolveram nas suas obras as ideias de nacionalidade, de adequação da educação à natureza, utilizaram amplamente exemplos da pedagogia popular como expressão da sabedoria popular.

A pedagogia popular, sendo a antecessora da pedagogia científica, tem alguns traços peculiares e caraterísticos nos aspectos epistemológico, histórico, lógico e estrutural. Analisando o conteúdo e as formas dos monumentos da pedagogia popular, podemos destacar os seus traços distintivos.

A pedagogia popular formou-se historicamente nos tempos antigos. Ela existe desde que o próprio povo existe.

Nesta base, introduzindo a categoria de "educação étnica", Kozhakhmetova K.Zh., dá a sua definição: interação inter-colonial, no processo do qual um indivíduo aprende os valores da sua etnia.

Assim, a educação étnica (até certo ponto sinónimo do conceito de "pedagogia popular", uma vez que se baseia no conhecimento empírico) é um processo intencional de formação do sujeito da etnicidade. Nesta fase, para compreender a essência da categoria "sujeito ethnos", limitar-nos-emos à seguinte formulação: "uma personalidade desenvolvida de forma abrangente e harmoniosa", cuja formação é o objetivo geral da pedagogia.

Com base na última definição do conceito de "educação étnica", pode afirmar-se que o seu objetivo é a formação do sujeito da etnicidade.

Os objectivos da educação étnica são:

- dar ideias sobre a imagem étnica do mundo e a sua integridade;

- dar a conhecer a história, a língua, a cultura e o território do grupo étnico autóctone;

- desenvolver a convicção da necessidade de preservar, transformar e transmitir os valores etno-sociais na sua unidade com os valores universais;

- promover o desenvolvimento de competências e capacidades para preservar, transformar e transmitir os valores etno-sociais na sua unidade com os valores universais.

Os princípios básicos e a educação étnica são:

- o princípio da unidade dialética do étnico, interétnico e universal;

- princípio da continuidade;

- o princípio do infinito;

- o princípio da adequação cultural (tendo em conta as particularidades mentais do indivíduo);

- o princípio da adequação à natureza (tendo em conta as caraterísticas vitais do organismo biológico), em primeiro lugar, o princípio da diferenciação entre sexos e idades;

- o princípio do domínio dos papéis etno-sociais.

O princípio diretor da educação étnica é o princípio da conveniência da natureza.

A ideia da necessidade de uma educação baseada na natureza encontra-se nas obras de Demócrito, Platão e Aristóteles. O princípio da adequação da educação à natureza foi fundado e desenvolvido pela primeira vez por J.A. Kamensky no século XVII. J.J. Rousseau e I.G. Pestalozzi atribuíram grande importância a este princípio nos seus sistemas pedagógicos. Embora cada um deles tenha entendido o princípio da conveniência da natureza de forma um pouco diferente, estão unidos pela abordagem do homem como uma parte da natureza e, neste contexto, pela afirmação da necessidade da sua educação de acordo com as leis objectivas do desenvolvimento humano na natureza.

Assim, a educação étnica (até certo ponto sinónimo do conceito de "pedagogia popular", uma vez que se baseia no conhecimento empírico) é um processo intencional de formação do sujeito da etnicidade. Nesta fase, para compreender a essência da categoria "sujeito étnico", limitar-nos-emos à seguinte formulação: "uma personalidade desenvolvida de forma abrangente e harmoniosa", cuja formação é o objetivo geral da pedagogia.

De uma forma generalizada, a educação étnica pode ser apresentada sob a forma do seu modelo estrutural e lógico.

Modelo estrutural e lógico da educação étnica

Componentes formadores do sistema	Caracterização dos componentes
IDEIA	auto-preservação étnica
OBJECTIVO	formação do sujeito ethnos
DESAFIOS	dar a conhecer a língua, a cultura, a história e o território autóctones; Desenvolver competências e capacidades para preservar, transformar e transmitir os valores etno-sociais na sua unidade dialética com os valores humanos universais; formar convicções sobre a integridade e a indivisibilidade da imagem étnica do mundo; promover o desenvolvimento do desejo de auto-conhecimento e do conhecimento dos outros.
PRINCÍPIOS	o princípio da oportunidade da natureza (tendo em conta as caraterísticas vitais do organismo biológico); o princípio da adequação cultural (tendo em conta as particularidades mentais do indivíduo); o princípio da nacionalidade; o princípio do sincretismo e do infinito; abordagem etno-social dos papéis
MÉTODOS	métodos de encorajamento (bênção, carícias, desejos, presentes, etc.); métodos de punição (repreensão afectuosa, indiferença imaginária, boicote, maldição, etc.); proibições o método da "cenoura e do pau" (al-Farabi)
DIRECÇÕES	Arte popular oral (géneros de folclore infantil); feriados;
	ritos, rituais, costumes, feriados
RESULTADO	ator etnográfico

Literatura

1   θ6iΛ0βa Z. Etnopedagogia: oku k^raly. Almaty: Kazak Elem TigΛep University 1997. - 230 б.

2   Volkov G.I. Etnopedagogia. - Cheboksary, 1974. - 376 c.

3   Etnopedagogia do Cazaquistão /Compilado por. S.Kaliev.- Almaty, 1996. - 22 c.

4   Kozhakhmetova K.J. Kazakh ethnopedagogy: methodology, theory, practice. Almaty: Gylym, 1998. - 316 c.

5   Kozhakhmetova K.J. Mekteptsh ulpyk terbiye zhγyesi: teoria e prática. - Almaty, 1997. - 142 б.

6   Ushinsky K.D. Sobre a nacionalidade no ensino público / Ped.opis: em 6 T. / Comp. C. F. Egorov. - Moscovo: Pedagogia, 1988. T. 2. - 527 c.

7   Pedagogia étnica: um livro de leitura / Pyatin V.A., Trenev A.M., Alekseeva G.V. et al. - Astrakhan, 1995. - 276 c.

5 Métodos e meios de educação étnica

Conceitos básicos sobre o tema

A etnopedagogia cazaque é já singular, tendo-se formado devido à originalidade da cultura étnica, expressa na língua, tradições, costumes, rituais, religião. À custa de uma visão do mundo étnica peculiar, formada historicamente sob a influência das condições ambientais, da vida quotidiana, da atividade económica, da psicologia étnica dos cazaques, que encontra a sua expressão no seu carácter, sentimentos nacionais, consciência nacional.

Educação - formação intencional de uma personalidade, a fim de a preparar para a participação na vida social e cultural, de acordo com os modelos normativos socioculturais.

Tradições - conjunto de ideias, rituais, hábitos e aptidões da atividade prática e social, transmitidos de geração em geração, funcionando como um dos reguladores das relações sociais.

Educador (educator) - no sentido geral - uma pessoa que efectua educação, no sentido restrito - um funcionário que desempenha funções educativas numa instituição de ensino.

7.1 Meios, formas e métodos de educação na sociedade do Cazaquistão etnopedagogia.

Ao longo da história, o homem tem sido e continua a ser o objeto e o sujeito da educação. A experiência de educação acumulada ao longo dos séculos, combinada com conhecimentos empíricos testados na prática, constitui o núcleo da pedagogia popular.

A pedagogia popular, sendo a antecessora da pedagogia científica, tem alguns traços peculiares e caraterísticos nos aspectos epistemológico, histórico, lógico e estrutural. Analisando o conteúdo e as formas dos monumentos da pedagogia popular, podemos identificar os seus traços distintivos.

A pedagogia popular formou-se historicamente nos tempos antigos. Ela existe desde que o próprio povo existe.

Nesta base, introduzindo a categoria de "educação étnica", Kozhakhmetova K.Zh., dá a sua definição: interação inter-colonial, no processo do qual um indivíduo aprende os valores da sua etnia.

Assim, a educação étnica (até certo ponto sinónimo do conceito de "pedagogia popular", uma vez que se baseia no conhecimento empírico) é um processo intencional de formação do sujeito da etnicidade. Nesta fase, para compreender a essência da categoria "sujeito étnico", limitar-nos-emos à seguinte formulação: "uma personalidade desenvolvida de forma abrangente e harmoniosa", cuja formação é o objetivo geral da pedagogia.

O conteúdo da educação étnica é constituído pelas principais direcções da educação, nomeadamente a educação moral e espiritual, a educação para o trabalho, a educação mental, a educação física e a educação estética.

O cerne da educação étnica é a educação para o trabalho.

Vejamos agora os métodos de educação étnica. Séculos de experiência permitiram aos povos desenvolver certos métodos didácticos e regras de educação das crianças.

Na prática quotidiana, existem também métodos de influência educativa sobre as crianças, tais como a explicação, o ensino, o encorajamento, a aprovação, a persuasão, o exemplo pessoal, a demonstração de exercícios, a sugestão, a repreensão, a condenação, o castigo, etc. A explicação e a persuasão eram utilizadas para formar nas crianças uma atitude positiva em relação ao trabalho, um comportamento decente na família e na sociedade. Era particularmente importante a demonstração das formas de execução de vários tipos de trabalho agrícola, artesanal e doméstico (manusear ferramentas e alfaias, cultivar a terra - regar, colher, cuidar do gado, preparar pratos nacionais, tecer, esculpir, bordar, etc.). Depois de uma explicação e de uma demonstração, eram normalmente aplicados exercícios, acompanhados do conselho: "exercita as tuas mãos, desenvolve o hábito de certos trabalhos". Ouvindo os conselhos dos adultos, os jovens de ambos os sexos tinham de desenvolver as competências e as técnicas de trabalho necessárias.

A edificação é a técnica mais difundida na pedagogia étnica. Nos monumentos da pedagogia antiga existe um código de admoestações do mais velho para o mais novo, do professor para o aluno, do sábio popular para o jovem, do pai para o filho.

É caraterístico que os educadores populares tenham tido o cuidado de incluir nos seus aforismos várias categorias pedagógicas: admoestação, aviso, repreensão, e até certas condições pedagógicas sob as quais se pode esperar sucesso em qualquer empreendimento. Estas condições são geralmente determinadas pela palavra "se". Os cossacos acreditam ((Se uma criança de seis anos regressa de uma viagem, deve ser visitada por uma pessoa de sessenta anos). Os Karakalpaks, com base na sabedoria e filosofia chinesas, aconselham: "Se semeares painço, não esperes pelo trigo".

Um método comum de educação étnica é o ensino. O povo diz: "As coisas lavam-se com água, uma criança educa-se com treino".

A persuasão, como método de educação, contém esclarecimento (explicação) e prova, ou seja, mostra exemplos concretos para que a criança não hesite e não duvide da razoabilidade de certos conceitos, acções, actos, acumule gradualmente experiência moral e a necessidade de se guiar por ela.

O encorajamento e a aprovação como método de educação foram amplamente utilizados na prática da educação étnica. A criança sempre sentiu a necessidade de avaliar o seu comportamento, as suas brincadeiras e o seu trabalho. Os elogios verbais e a aprovação dos pais são o primeiro encorajamento na família. Conhecendo o papel do elogio como meio de encorajamento, as pessoas comentam: "as crianças e os deuses gostam de estar onde são elogiados". Os pais costumam aprovar o comportamento, os sucessos escolares e laborais dos filhos com as palavras "muito bem", "bom", "muito bom". Neste caso, as pessoas estabeleceram pedagogicamente, de forma muito razoável, que as palavras de aprovação e de elogio devem ser ditas com um sorriso no rosto. Se o trabalho não for feito ao nível adequado, os pais dirão: "Nada", "Está bem, serve", mas sem um sorriso. As crianças compreendem facilmente que o seu trabalho é apreciado.

Considerando o poder educativo e a eficácia das insinuações, as pessoas criaram os seus próprios contos de advertência. Segundo GN. Volkov, "o valor pedagógico das insinuações reside no facto de nos permitirem falar das falhas de comportamento de um rapaz num tom inofensivo".

Podemos dizer com segurança que a dica expressa o tato pedagógico das pessoas, a sua intuição.

O exemplo pessoal (especialmente dos pais) é o método mais radical e mais eficaz de educação étnica. O carácter moral dos pais, o seu trabalho, as actividades sociais, as relações na família, a atitude para com as pessoas que os rodeiam, a atitude para com as coisas, a arte - tudo isto serve de exemplo para as crianças e influencia a formação da sua personalidade. A sabedoria popular diz que se deve usar um exemplo positivo na educação: "Se tens um filho adulto, faz amizade com uma pessoa modesta, se tens uma filha adulta, faz amizade com uma artesã"

A forma mais poética de influência educativa sobre as crianças era a bênção dos pais. "Que o teu lar seja abençoado, vive até ao casamento dos teus filhos", diziam as pessoas a uma pessoa que iniciava uma jovem família.

A pedagogia étnica não ignorava métodos de educação como o castigo, a censura, a proibição e a repreensão; a condenação verbal de más acções e de actos precipitados era mais frequentemente utilizada. A condenação era acompanhada da sugestão de que a criança tomasse consciência dos seus erros e os eliminasse. A repreensão dos pais foi raramente utilizada, principalmente como uma das medidas educativas preventivas.

A arte popular oral é um meio de educação étnica. Os géneros do folclore infantil ocupam aqui um lugar especial.

Literatura

1   Ebshova Z. Etnopedagogia: oku k^raly. Almaty: Kazak Elem Tshler University 1997. - 230 б.

2   Volkov G.I. Etnopedagogia. - Cheboksary, 1974. - 376 c.

3   Etnopedagogia cazaque /Compilado por. C. Kaliev.-Almaty, 1996. - 22 c.

4   Kozhakhmetova K.J. Kazakh ethnopedagogy: methodology, theory, practice. Almaty: Fylym, 1998. - 316 c.

5   Kozhakhmetova K.J. Mekteptsh ulgtyk terbiye zhyуesi: teoria e prática. - Almaty, 1997. - 142 б.

6   Ushinsky K.D. Sobre a nacionalidade no ensino público / Ped.opis: em 6 T. / Comp. C. F. Egorov. - Moscovo: Pedagogia, 1988. T. 2. - 527 c.

7   Pedagogia étnica: um livro de leitura / Pyatin V.A., Trenev A.M., Alekseeva G.V. et al. - Astrakhan, 1995. - 276 c.

6 O sujeito étnico como objetivo e resultado da educação étnica

Conceitos básicos sobre o tema:

O **indivíduo** é "um único representante da espécie humana, uma forma de indivíduo biológico", o seu processo mental desenrola-se ao nível biológico, os modos de existência limitam-se à perceção auditiva, visual e tátil da existência.

A educação étnica é um processo intencional de formação do sujeito do ethnos.

Parasat (literalmente - consciência, razão, intelecto, sabedoria). Este componente, que forma a esfera cognitiva da personalidade, corresponde à sua atividade cognitiva e intelectual;

^aHaFam (literalmente, contentamento, gratidão, ser capaz de agradecer o pouco que se tem; mas de modo algum significa contentar-se com pouco, no entanto, não se deve ultrapassar a "liberdade" do outro para atingir um objetivo).

θgiΛeτ (literalmente, justiça, verdade: a medida mais elevada da relação do homem com a sociedade, com a natureza, com o mundo)

Deulet (literalmente - prosperidade, bem-estar, riqueza material; a primeira e principal riqueza de uma pessoa é a sua saúde física e mental)

A cultura é a base da mentalidade de qualquer sociedade, o seu equivalente peculiar.

Um **sujeito ethnos** é uma pessoa que aprendeu a sua natureza e a sua história ancestral, que transforma ativamente a cultura nacional e está pronto a transmitir a experiência social do seu ethnos às gerações seguintes através da preservação e do enriquecimento da sua língua materna.

7.1 O conceito de sujeito do ethnos

Um indivíduo é "um único representante da espécie humana, uma forma de indivíduo biológico", os seus processos mentais ocorrem ao nível biológico, os seus modos de existência limitam-se à perceção auditiva, visual e tátil da existência. O seu principal objetivo é desempenhar o papel de continuador e multiplicador da população.

A.N. Leontiev, ao definir os conceitos de "indivíduo" e "personalidade", especifica o campo da sua interseccionalidade, expressa na integridade de ambos, e divide estes conceitos com base na análise da natureza desta integridade, quando para o "indivíduo" é determinada pela "formação genotípica", e para a "personalidade" - por um fator social. Nesta base, defende que "a personalidade é um produto relativamente tardio do desenvolvimento sócio-histórico e ontogenético do homem".

Como afirma K.K.Platonov, "a estrutura da personalidade tem pelo menos quatro subestruturas:

-    a subestrutura socialmente condicionada (as propriedades desta subestrutura caracterizam o núcleo da cidadania de uma pessoa e determinam a motivação da atividade desenvolvida em todas as esferas de atividade);

-    experiência adquirida individualmente;

-    caraterísticas individuais dos processos mentais;

-    traços de personalidade determinados biologicamente (geneticamente)".

B.G. Ananyev também afirma o mesmo, identificando quatro lados principais da personalidade em interação: "caraterísticas biologicamente condicionadas, caraterísticas dos processos mentais individuais, experiência da personalidade e qualidades da personalidade socialmente condicionadas". Além disso, especifica que o lado social é dominante na determinação da essência da personalidade. E, a este respeito, classificando o comportamento e a atividade humana, dá preferência ao comportamento como "uma caraterística genérica em relação à qual todos os tipos de atividade têm um significado particular".

Como observa B. G. Ananyev: "Falando do homem como indivíduo, sobre a totalidade das suas propriedades individuais, podemos referir-nos tanto ao seu organismo num determinado estádio de desenvolvimento como à sua personalidade. As relações entre o organismo e a personalidade são interpretadas como duas camadas, níveis do ser humano, e o organismo - como uma base natural, um conjunto de pré-requisitos naturais para a formação da personalidade, e a personalidade - como uma formação supra-organizacional, socialmente condicionada". Entre as formações pessoais, B. G. Ananyev refere o estatuto de uma pessoa, ou seja, a posição na sociedade (económica, política, jurídica, etc.); as funções sociais desempenhadas por uma pessoa em função desta posição e da época histórica; a motivação do seu comportamento e atividade em função dos objectivos e valores que formam o seu mundo interior; a visão do mundo e a totalidade das relações de uma pessoa com o mundo circundante (natureza, sociedade, trabalho, outras pessoas, ela própria); o carácter e as aptidões.

A doutrina da personalidade do antigo pensador cazaque J. Balasaguni é de importância fundamental para nós. Balasaguni. A peculiaridade da sua interpretação da personalidade reside no facto de ele distinguir quatro componentes estruturais básicos da personalidade:

Parasat (literalmente - consciência, razão, intelecto, sabedoria). Este componente, que forma a esfera cognitiva da personalidade, corresponde à sua atividade cognitiva e intelectual;

^aHaFam (literalmente - satisfação, gratidão, ser capaz de estar grato pelo pouco que se tem; mas de modo algum significa estar satisfeito com pouco, no entanto, ao atingir o objetivo não se deve ultrapassar a "liberdade" de outrem). Corresponde à atividade de orientação de valores da personalidade, formando a sua esfera espiritual e moral;

θgiΛeτ (literalmente, justiça, verdade: a medida mais elevada da relação do homem com a sociedade, com a natureza, com o mundo. Acrescentemos que a justiça em J.A. Komensky é interpretada da seguinte forma: não tomar os bens de outrem, não roubar dos outros, não perturbar os outros). Constituindo a esfera sócio-normativa da personalidade, corresponde à sua atividade comunicativa, avaliativa-reguladora;

Deulet (literalmente - prosperidade, bem-estar, riqueza material; a primeira e principal riqueza de uma pessoa é a sua saúde física e mental). Esta componente estrutural, que constitui a esfera psicofisiológica da personalidade, corresponde à sua atividade estética, física e transformadora (prática).

O ser humano é um sistema dinâmico, que se torna uma personalidade, manifestando-se como tal no processo de interação com o meio ambiente.

A cultura é a base da mentalidade de qualquer sociedade, o seu equivalente peculiar. A cultura é um ambiente holístico, como D.S. Likhachev figurativamente expressou a este respeito: "Trata-se de um enorme fenómeno holístico que faz com que as pessoas que habitam um determinado espaço, a partir de uma simples população - um povo, uma nação. O conceito de cultura deve incluir e sempre incluiu a religião, a ciência, a educação, a moral e as normas morais de comportamento das pessoas e do Estado". **O sujeito do ethnos** é uma pessoa que aprendeu a sua natureza e história ancestral, transformando ativamente a cultura nacional e pronta a transmitir a experiência social do seu ethnos às gerações seguintes através da preservação e enriquecimento da língua nativa.

Literatura

1   Antologia do pensamento pedagógico do Cazaquistão. / Compilado por K. Zharikbayev, S. Kaliyev. K. Zharikbaev, S. Kaliev. - Almaty: Rauan, 1995. - 512 c.

2   Baltabaev M.H. Pedagogical culturology. - Almaty: RIC KAO com o nome de I.Altynsarin, 2000. - 268 c.

3   V.S.Bezrukova. Pedagogia. Pedagogia projectiva: Livro de texto para institutos de engenharia e pedagogia e escolas técnicas industriais e pedagógicas. - Ekaterinburg: "Business Book", 1996. - 300 c.

4   Vinogradov G.S. Narodnaya pedagogika. - Irkutstk, 1926. - 293 c.

5   Goncharov I. A nova escola da Rússia: o que deve ser // Educação dos alunos. - 1997. - № 2. - C. 36-42.

6   Danilyuk A.Ya. O conceito e a compreensão da escola nacional russa // Pedagogia. - 1997. -№ 1 - C. 38-40.

7   Dneprov E.D. Reforma educativa e escola nacional. // A escola nacional: estado, problemas, perspectivas / Editado por M. N. Kuzmin. - M. N. KUZMIN, 1995. C. 34-40.

7 O ideal da pessoa perfeita na pedagogia popular

Conceitos básicos sobre o tema

A pedagogia popular é um conjunto de conhecimentos empíricos, competências e aptidões acumulados e testados na prática, transmitidos de geração em geração, principalmente sob a forma oral, como produto da experiência histórica e social das massas.

Ideal - no sentido comum: a) o mais alto grau de valor ou o melhor estado completo de qualquer fenómeno, b) um padrão individualmente aceite (padrão reconhecido) de algo, geralmente relativo a qualidades ou capacidades pessoais; 2) no sentido ético estrito: em termos teóricos - a) a representação moral mais geral, universal e, em regra, absoluta (do bom e do adequado), em termos normativos - b) a perfeição nas relações entre as pessoas ou (sob a forma de um ideal social) uma tal organização da sociedade, que assegura este conselho

7.1 O ideal popular da pessoa perfeita.

O ideal popular do homem perfeito deve ser considerado como uma ideia resumida e sintética dos objectivos da educação popular. O objetivo, por sua vez, é uma expressão concentrada e concreta de um dos aspectos da educação. O ideal é um fenómeno universal, mais amplo, que exprime a tarefa mais geral de todo o processo de formação da personalidade. O ideal mostra o objetivo final da educação e da autoeducação de uma pessoa, dá o exemplo mais elevado a que ela deve aspirar.

O ideal moral tem uma enorme carga social, desempenhando um papel purificador, chamativo, mobilizador e inspirador. Quando o homem aprendeu a andar de quatro, escreveu Gorky, a natureza deu-lhe um ideal sob a forma de um bastão. Belinsky valorizava muito o papel do ideal no progresso humano, no enobrecimento da personalidade; ao mesmo tempo, atribuía grande importância à arte, que, como ele acreditava, forma um "anseio pelo ideal".

Entre os muitos tesouros da sabedoria pedagógica popular, um dos principais lugares é ocupado pela ideia da perfeição da personalidade humana, o seu ideal, que é um modelo a imitar. Esta ideia surgiu originalmente - na sua forma mais primitiva - nos tempos antigos, embora, como é óbvio, o "homem perfeito" no ideal e na realidade seja muito mais jovem do que o "homem razoável" (o primeiro surge nas profundezas do segundo e faz parte dele). A educação num sentido verdadeiramente humano só se tornou possível juntamente com o aparecimento da autoeducação. Das acções "pedagógicas" mais simples, isoladas e acidentais, o homem passou à atividade pedagógica cada vez mais complexa. Segundo Engels, já nos primórdios da humanidade, "os homens adquiriram a capacidade de realizar operações cada vez mais complexas, de se proporem objectivos cada vez mais elevados (sublinhado meu - G.V.) e de os alcançarem. O próprio trabalho tornou-se de geração em geração mais diversificado, mais perfeito, mais multifacetado". O progresso do trabalho conduziu ao progresso da educação, que é inconcebível sem a autoeducação: o estabelecimento de objectivos para si próprio é a sua manifestação concreta. Quanto aos objectivos "cada vez mais elevados", eles testemunham o nascimento da ideia de perfeição nas profundezas de formas de educação ainda primitivas. A variedade, a perfeição e a versatilidade do trabalho, sobre as quais F. Engels escreveu, exigiam, por um lado, a perfeição humana e, por outro, promoviam essa perfeição.

A formação do homem perfeito é o leitmotiv da educação nacional. A prova mais convincente e mais viva do facto de o homem ser "a criação mais elevada, mais perfeita e mais excelente" é a sua luta constante e irresistível pela perfeição. A capacidade de auto-perfeição é o valor mais elevado da natureza humana, a dignidade mais elevada; todo o significado da chamada auto-realização reside precisamente nesta capacidade.

O próprio conceito de perfeição sofreu uma evolução histórica ao longo do progresso da humanidade. Os primeiros vislumbres de consciência dos antepassados humanos estão ligados ao instinto de auto-preservação; deste instinto nasceu mais tarde uma preocupação consciente com a promoção da saúde e a perfeição física (segundo Comenius - com a harmonia em relação ao corpo). O trabalho criou o homem. A aspiração de melhorar os instrumentos de trabalho despertou a aspiração interior de auto-aperfeiçoamento. Já nos instrumentos de trabalho mais primitivos começam a aparecer elementos de simetria, gerados não só pelo desejo de comodidade, mas também de beleza. Na luta pela existência, os antepassados humanos depararam-se com a necessidade de coordenar as suas acções e de se ajudarem mutuamente, ainda que a princípio de forma inconsciente. A própria harmonia eterna da natureza e a atividade da relação do homem com ela tornaram natural o aperfeiçoamento das qualidades individuais da personalidade humana. A ideia da perfeição harmoniosa de uma pessoa estava incorporada na própria natureza do homem e na natureza da sua atividade. As ferramentas de trabalho mais primitivas eram, ao mesmo tempo, portadoras da incipiente cultura espiritual primitiva: estimulavam os primeiros vislumbres de consciência, provocando a tensão da mente crepuscular do capataz; não só as mãos distinguiam entre a conveniência e a inconveniência da ferramenta de pedra, mas também os olhos começavam a reparar na atratividade do conveniente, e esta seletividade foi o início do sentido primitivo de beleza.

A perfeição do indivíduo acabou por ser condicionada pelas duas maiores aquisições do género humano - a hereditariedade e a cultura (material e espiritual). Por sua vez, o progresso humano não teria sido possível sem a busca da perfeição por parte dos homens. Esta perfeição, gerada pela atividade laboral, desenvolveu-se paralelamente na esfera da cultura material e espiritual, no homem, fora dele e na comunicação humana.

Literatura

1 Volkov G.N. Etnopedagogia. Moscovo, 1999.

2 Volkov G.N. Etnopedagogia. Cheboksary, 1974.

3 Izmailov A.E. Folk Pedagogy: pedagogical views of Central　　　Asia　and Kazakhstan . Moscovo, 1991

4 Kon I.S. Etnografia da infância //Formas tradicionais de educação de crianças e adolescentes nos povos do Leste e Sudeste Asiático. -M., 1983.

5 Kozlov V.I. Ethnos e cultura //SE, №3.,   1979.

8 Ferramentas da pedagogia popular

Conceitos básicos sobre o tema

O **provérbio** é uma pequena forma de criação poética popular, revestida de um enunciado breve e ritmado, portador de um pensamento generalizado, de uma conclusão, de uma alegoria com um pendor didático.

Um **enigma** é uma expressão metafórica em que um objeto é representado por meio de outro objeto que tem alguma semelhança, mesmo que remota, com ele; com base no que precede, uma pessoa deve adivinhar o objeto concebido. As adivinhas encontram-se em todos os povos, independentemente do estádio de desenvolvimento em que se encontravam. Um provérbio e uma adivinha diferem no facto de uma adivinha dever ser adivinhada, enquanto um provérbio é um ensinamento.

Uma canção popular é uma peça de música cujo autor não é conhecido. Regra geral, o autor é o próprio povo. As canções populares são transmitidas de geração em geração. Com o tempo, as pessoas podem acrescentar novas palavras e frases, e o resultado é uma canção popular.

O **conto de fadas** é um género de folclore ou de literatura. Uma obra épica, maioritariamente em prosa, de natureza mágica, geralmente com um final feliz. Regra geral, os contos de fadas destinam-se a crianças.

1 .1 Provérbios. Adivinhas. Canções populares. Contos de fadas

Provérbios. Em qualquer provérbio há sempre um "momento pedagógico" - a edificação: um provérbio é entendido como um provérbio figurativo de natureza edificante, que tipifica vários fenómenos da vida e tem a forma de uma frase completa.

Os provérbios satisfazem muitas necessidades espirituais dos trabalhadores: cognitivo-intelectuais (educativas), industriais, estéticas, morais, etc.

Os provérbios não são a antiguidade, não são o passado, mas a voz viva do povo: as pessoas retêm na sua memória apenas aquilo de que precisam hoje e de que precisarão amanhã. Quando um provérbio fala do passado, é avaliado em termos do presente e do futuro - condenado ou aprovado, dependendo da medida em que o passado, refletido no aforismo, corresponde aos ideais, expectativas e aspirações do povo.

Um provérbio é criado por todo o povo, pelo que exprime a opinião colectiva do povo. Contém a avaliação que as pessoas fazem da vida, observações da mente das pessoas.

"Não se ensinam as crianças com pancadas, mas com uma palavra amiga", "As crianças são castigadas com vergonha, não com raios e flagelos", "Tem piedade dos teus e depois dos outros! O amigo de um é o amigo de outro".

Um significado pedagógico importante é a opinião popular sobre os resultados da educação, que são juízos de valor sobre as pessoas, sobre os traços da sua personalidade: "Um temperamento quente não é enganador", "Uma pessoa má é como o carvão: se não arde, escurece", "Uma boa consciência é o olho de Deus. A boa consciência ama a repreensão"

Considerando o trabalho como um fator moral, as pessoas sublinham o seu significado psicológico e notam que o trabalho dá satisfação mental e moral à pessoa: "Sem trabalho, não há paz", dizem os Avares; "Um amigo facilitou o corpo, um amigo facilitou a alma", dizem os Lezgins e os Tabasarans; o trabalho é a fonte da vida na terra: "Sem trabalho, não há vida na terra", dizem os Dargins.

Adivinhas. As adivinhas são inteligentes, muito poéticas e muitas delas contêm uma mensagem moral. Por conseguinte, influenciam a educação mental, estética e moral. Na antiguidade, provavelmente cumpriam todas estas funções de forma mais ou menos igual. Mais tarde, porém, a educação mental tornou-se o elemento dominante.

As adivinhas destinam-se a desenvolver o pensamento das crianças, a ensiná-las a analisar objectos e fenómenos de diferentes áreas da realidade circundante; e a presença de um grande número de adivinhas sobre o mesmo fenómeno permitia dar uma caraterística abrangente do assunto (fenómeno). Mas a importância das adivinhas na educação mental está longe de se esgotar no desenvolvimento do pensamento, elas também enriquecem a mente com informações sobre a natureza e conhecimentos das mais diversas áreas da vida humana. A utilização de adivinhas na educação mental é valiosa porque a totalidade da informação sobre a natureza e a sociedade humana é adquirida pela criança no processo de atividade de pensamento ativo.

As adivinhas contribuem para o desenvolvimento da memória da criança, do seu pensamento imaginativo e das suas reacções mentais rápidas.

Uma adivinha ensina a criança a comparar as caraterísticas de diferentes objectos, a encontrar caraterísticas comuns nos mesmos e, assim, forma a capacidade de classificar objectos, a descartar as suas caraterísticas irrelevantes. Por outras palavras, com a ajuda de uma adivinha, formam-se as bases do pensamento criativo teórico.

Uma adivinha desenvolve a capacidade de observação da criança. Quanto mais observadora for uma criança, melhor e mais rapidamente ela resolverá as adivinhas. Que processo maravilhoso ocorre, por exemplo, no espírito da criança quando ela encontra rapidamente uma semelhança entre um avô vestido com cem casacos e uma cebola, ou entre uma donzela sentada numa masmorra com uma foice na rua e uma cenoura!

Canções populares

As canções reflectem as expectativas, as aspirações e os sonhos mais íntimos dos povos. O seu papel na educação é enorme, talvez incomparável com qualquer outra coisa. As canções são únicas na sua conceção musical e poética de ideias - éticas, estéticas, pedagógicas. A beleza e a bondade numa canção aparecem em unidade. Os bons jovens, cantados pelo povo, não são apenas gentis, mas também belos. As canções populares absorveram os valores nacionais mais elevados, orientados apenas para o bem, para a felicidade humana.

A canção caracteriza-se por uma elevada poetização de todos os aspectos da vida popular, incluindo a educação da geração mais jovem. O valor pedagógico da canção reside no facto de se ensinar a cantar bem e de esta, por sua vez, ensinar a beleza e a bondade. A canção acompanhava todos os acontecimentos da vida popular - trabalho, férias, jogos, funerais, etc. Toda a vida do povo se desenrolava na canção, que exprimia da melhor forma a essência ética e estética do indivíduo. O ciclo completo da canção é a vida de uma pessoa desde o nascimento até à morte. As canções são cantadas a um bebé no berço, que ainda não aprendeu a compreender, a um velho no caixão, que deixou de sentir e compreender. Os cientistas provaram o papel benéfico das canções suaves no desenvolvimento mental da criança no ventre materno. As canções de embalar não só adormecem o bebé, como também o acariciam, o acalmam e lhe dão alegria. Os italianos têm canções de despertar para fazer com que o bebé acorde bem-disposto e enfrente o dia seguinte com alegria.

As pestushkas e *as potestas* são meios de influência educativa dignos de nota. Neles, a criança em crescimento ocupa totalmente a atenção do adulto. Pestushki tem o seu nome da palavra pestuvat - acariciar, carregar nos braços. Trata-se de versos curtos, que acompanham os movimentos da criança durante o pestushki. Assim, por exemplo, as mães Chuvash exprimem um desejo: "Sê grande, sê grande - cada vez que puxas um centímetro de crescimento. Mas os pestushki não têm como objetivo o desenvolvimento físico da criança, ou seja, não são apenas os exercícios físicos mais simples acompanhados de canções de bons desejos.

No entanto, os adolescentes também têm a sua própria poesia. Trata-se de *jogos, frases curtas, contagens, provocações* em numerosas variedades. Na contagem, a consonância e o ritmo são estritamente observados, a sua função artística - é uma espécie de jogo de palavras e de ritmo, que se caracteriza pela vivacidade e pelo colorido. Quando executam canções de contagem, as crianças decoram-nas com uma melodia simples e, por vezes, utilizam apenas a melodia de uma canção infantil conhecida.

Muitas canções de adolescentes elogiam o trabalho árduo, a coragem, a bravura, a determinação, etc.

As canções de homens e mulheres adultos, as canções dos pais são ainda mais diversificadas em termos de género. Estas canções estão intimamente ligadas à vida do povo. Predominam *as canções rituais e cerimoniais.* Há ainda mais canções sobre o trabalho e a luta, canções de protesto social. Não levantam diretamente os problemas da educação, mas educam através da melodia, do pensamento, dos sentimentos, do exemplo dos heróis cantados, dos acontecimentos da vida popular.

Contos de fadas. K.D.Ushinsky chamou aos contos de fadas do povo russo as primeiras tentativas brilhantes de pedagogia popular. Admirando os contos de fadas como monumentos da pedagogia popular, escreveu que ninguém é capaz de competir com o génio pedagógico do povo. O mesmo deve ser dito sobre os contos de fadas de outras nações.

A matéria-prima dos contos populares era a vida do povo: a sua luta pela felicidade, as crenças, os costumes - e a natureza circundante. Nas crenças do povo havia muito de supersticioso e sombrio. Este carácter sombrio e reacionário é uma consequência do difícil passado histórico dos trabalhadores. A maioria dos contos reflecte as melhores caraterísticas do povo: diligência, talento, lealdade na batalha e no trabalho, devoção sem limites ao povo e à pátria.

Os contos de fadas, sendo obras artísticas e literárias, eram ao mesmo tempo uma área de generalizações teóricas sobre muitos ramos do conhecimento para os trabalhadores. São o tesouro da pedagogia popular, além disso, muitos contos de fadas são obras pedagógicas, ou seja, contêm ideias pedagógicas.

Os contos de fadas são um importante instrumento educativo, desenvolvido e testado pelo povo durante séculos. A vida e as práticas populares de educação provaram de forma convincente o valor pedagógico dos contos de fadas. As crianças e os contos de fadas são inseparáveis, foram criados um para o outro e, por isso, o contacto com os contos de fadas do seu próprio povo deve ser necessariamente incluído no processo de educação e educação de cada criança.

Literatura

2   Volkov G.N. Etnopedagogia. Moscovo, 1999.

3   Volkov G.N. Etnopedagogia. Cheboksary, 1974.

4   Izmailov A.E. Folk Pedagogy: pedagogical views of Central   Asia   and Kazakhstan   .   Moscovo,   1991

5   Kon I.S. Etnografia da infância //Formas tradicionais de educação de crianças e adolescentes nos povos do Leste e Sudeste Asiático. - M.,1983.

5Kozlov V.I. Ethnos e Cultura/SE, nº 3, 1979.

9 Factores da educação popular

Conceitos básicos sobre o tema

A natureza é um dos factores mais importantes da educação popular. A naturalidade da natureza nasce da naturalidade da educação popular.

A palavra é o maior dos tesouros espirituais do homem. A língua é dada aos homens para que possam viver juntos e compreender-se mutuamente.

O jogo é uma materialização de sonhos-contos de fadas, mitos-desejos, fantasias-sonhos, é uma dramatização de memórias do início do percurso de vida da humanidade.

A arte - como fator de educação - testemunha a aspiração geral do povo ao belo.

A religião é um fator essencial na formação da espiritualidade pessoal. É claro que a espiritualidade de uma pessoa não é determinada apenas pela religião.

A comunicação como que resume o efeito de todos os factores anteriores - natureza, jogo, palavra e ação - e transfere essa soma para o grupo seguinte de factores - tradição, vida quotidiana, arte, religião, exemplo-ideal.

8.1 Natureza. Palavra nativa. Comunicação. Costumes. Tradições. Arte

Os principais factores da pedagogia popular, respetivamente da educação popular, são a natureza, o jogo, a palavra, a ação, a comunicação, a tradição, a vida quotidiana, a arte, a religião, o exemplo-ideal.

A natureza é um dos factores mais importantes da educação popular. A naturalidade é gerada pela naturalidade da educação popular. Por conseguinte, é bastante razoável falar de ecologia como uma preocupação universal da humanidade. A afirmação sobre a pedagogia popular como uma pedagogia da liberdade e do amor concorda com a natureza como um fator decisivo da educação. A "Declaração dos Direitos do Homem" diz: "O homem nasce livre". A natureza é a casa do pai, o universo e o espaço do mundo. Todo o modo de vida tradicional é determinado pela natureza nativa. A sua destruição equivale à destruição da etnosfera e, consequentemente, do próprio ethnos.

A abordagem adequada à natureza na educação proporciona uma abordagem harmoniosa e complexa da formação da personalidade, uma vez que a natureza tem um efeito combinado sobre os sentimentos, a consciência e o comportamento humanos. O princípio da adequação à natureza deve ser tido em conta na elaboração dos programas educativos. Grande parte da experiência de comunicação com a natureza enriquece espiritualmente a pedagogia popular. Esta experiência é sempre nacional, mas nunca sai da corrente principal das tendências universais. Tudo o que está em harmonia com a natureza deve ser considerado como bom; o que é contrário ao seu desenvolvimento deve ser considerado como mau. Este princípio pedagógico foi profunda e exaustivamente fundamentado por J. A. Comenius. J.J. Rousseau, I. Pestalozzi, K.D. Ushinsky, L.N. Tolstoi defendiam as mesmas posições.

Dos fenómenos direta e diretamente relacionados com a educação, o mais próximo da natureza é o jogo. Nos jogos, a palavra, a melodia e a ação estão intimamente ligadas. Um papel importante dos jogos infantis - no desenvolvimento da destreza, da esperteza e da agilidade das crianças, além disso, os jogos são também um fenómeno artístico e dramático. Através dos jogos, é incutido na criança o respeito pela ordem existente, pelos costumes populares, ensinando-lhe as regras de comportamento. Jogos para crianças - actividades sérias, uma espécie de lições, preparação para o trabalho, para a vida adulta. Brincar - uma esfera maravilhosamente diversificada e rica das actividades das crianças. Juntamente com o jogo, a arte e a beleza estão presentes na vida das crianças. O jogo está associado à canção, à dança, ao conto de fadas, às adivinhas, à estenografia, aos recitativos, aos lançamentos e a outros tipos de arte popular. Nos jogos, manifestam-se de forma mais completa as caraterísticas da educação popular, da pedagogia popular, como a naturalidade, a continuidade, a massa, a integridade, a complexidade. E o que também é muito importante - no processo de jogo, as crianças são muito cedo incluídas na educação independente, que neste caso ocorre sem um objetivo pré-determinado - espontaneamente. Os objectivos surgem no processo de brincar, em ligação com ele, ao longo do caminho, de acordo com o resultado e as realizações.

O valor educativo dos jogos populares dificilmente pode ser sobrestimado, razão pela qual um professor deve poder utilizá-los no processo educativo. Muitos factores devem ser tidos em conta na organização e seleção dos jogos:

1A idade dos jogadores.

2   Um sítio para jogar jogos.

3   O número de participantes no jogo.

4   Disponibilidade de equipamento para jogos.

O educador explica as regras do jogo às crianças. A explicação do educador deve ser breve e clara. Deve ser acompanhada de uma demonstração de elementos individuais ou de toda a ação do jogo.

A palavra é o maior dos tesouros espirituais do homem. A língua foi dada aos povos para que pudessem viver juntos depois de se compreenderem uns aos outros. Na pedagogia popular, a palavra autóctone está num patamar inatingível. A espiritualidade está ligada, antes de mais, à palavra, à língua, ao discurso. Não é sem razão que se diz sobre a palavra: com ela se pode matar, mas também se pode ressuscitar. Na pedagogia popular, são diversas as formas verbais de influência sobre os sentimentos, a consciência, o comportamento humano. Os métodos verbais de influência sobre a personalidade são numerosos e diversificados: exortação, persuasão, explicação, ordem, pedido, instrução, comissão, crença, ensino, admoestação, advertência, edificação, desejo, conselho, sugestão, aprovação, gratidão, condenação, reprovação, censura, voto, proibição, boa vontade, pacto, mandamento, sermão, confissão, etc. É na questão das línguas nacionais que se coloca atualmente o problema mais grave. A discriminação total das línguas nacionais conduziu à degradação espiritual e moral de muitos povos. As línguas mundiais, regionais, oficiais e estatais nunca devem ser aprendidas em detrimento das línguas maternas.

O trabalho ocupa um lugar especial na pedagogia popular. A cultura tradicional de educação inclui a ideia do valor próprio do trabalho altruísta. As pessoas valorizam a unidade entre a palavra e a ação. A fanfarronice é rejeitada.

A comunicação como que resume o efeito de todos os factores anteriores - natureza, jogo, palavra e ação - e transfere essa soma para o grupo seguinte de factores - tradição, vida quotidiana, arte, religião, exemplo-ideal.

I.V. Sukhanov distingue sistematicamente os conceitos de "tradições" e "costumes". Os costumes e as tradições desempenham duas funções especiais que lhes são comuns: ser um meio de estabilizar as relações estabelecidas numa determinada sociedade e reproduzir essas relações na vida das novas gerações. Mas estas funções, os costumes e as tradições cumprem-nas de formas diferentes. Os costumes, diretamente, através de prescrições detalhadas de acções em situações específicas, estabilizam certos laços das relações sociais e reproduzem-nos na vida das novas gerações. As tradições, ao contrário dos costumes, dirigem-se diretamente ao mundo espiritual do homem, cumprem o seu papel de meio de estabilização e reprodução das relações sociais não diretamente, mas através da formação das qualidades espirituais exigidas por estas relações.

D.M.Ugrinovich considera os costumes e os rituais como as principais formas da cultura popular tradicional. G.N.Volkov concorda com ele, afirmando que a análise quantitativa e qualitativa dos costumes e rituais permite-nos compreender não só o conteúdo, mas também o sistema de educação popular, incluindo os processos de etnização e individualização da personalidade. Por conseguinte, o costume, o rito, o ritual são prescrições para um determinado estilo de comportamento e a organização do cumprimento desses requisitos. E estes requisitos foram selecionados pela própria vida e constantemente revistos por ela.

E.S. Markarian fundamenta a visão da tradição como um fenómeno integral que inclui tanto o costume como o ritual e uma série de outras formas estereotipadas da atividade humana.

Os costumes e as tradições dos povos são normas e regras de comportamento transmitidas de uma geração para outra. A sua função comum é ser um meio de reprodução e de estabilização das relações entre as pessoas, de proteção e de preservação das suas vidas.

Os costumes diferem das tradições na prescrição pormenorizada de acções em situações específicas. Transmitem um padrão de comportamento, constituindo assim um mecanismo de transmissão cultural, um mecanismo de sucessão de gerações. O lado mais eficaz do costume é a forma ritual. Os ritos estão associados a momentos significativos na vida de uma pessoa, por exemplo, o nascimento de uma criança, a entrada na escola, o casamento, etc. No processo de incorporação de emoções e ideias em acções externas que formam um rito, ocorre a formação e o desenvolvimento de fenómenos e atitudes geralmente significativos em relação à realidade.

Graças às tradições, a experiência cultural e os modos de vida são transmitidos. As tradições mobilizam, contribuem para a unidade dos povos   , dão continuidade moral e étnica.

A fidelidade aos costumes e tradições nacionais é uma atitude em relação à história do nosso povo, um sentimento de respeito pela experiência das gerações passadas e uma expressão de tolerância.

O processo pedagógico em ethnos é polifuncional. Não há disfunções nele devido à naturalidade e à naturalidade dos objectivos e dos meios pedagógicos. A natureza das mudanças no ethnos é estabelecida pela tradição a partir de dentro e não é arbitrária. Qualquer ethnos guarda acontecimentos reais e simbólicos do passado, cuja ordem e imagens são o núcleo da identidade colectiva. A tradição serve não só como símbolo da continuidade do processo de educação numa etnia, mas também regula os limites da inovação na mesma. O grau de desenvolvimento da função criativa pela tradição serve como critério de atividade dos etnóforos - portadores de elementos da cultura popular.

A arte como fator de educação testemunha a aspiração geral do povo ao belo. A arte popular opõe-se à cultura de massas. Sob a designação de belo, no sentido lato da palavra, o povo entendia a própria vida no seu desenvolvimento contínuo. As pessoas viam as caraterísticas do belo nos fenómenos da natureza, na vida familiar e social, na comunicação, no trabalho, nos ofícios artísticos, nos sons expressivos (música popular), nos movimentos organizados do corpo humano (danças populares e bailes) e na palavra artística. Ao mesmo tempo, a noção de belo incluía a atividade criativa das pessoas com o objetivo de dominar e transformar a realidade de acordo com as leis da beleza inventadas pelas próprias pessoas. O conceito de belo continha a negação do feio, do feio - aquilo que contradizia as ideias de beleza e dignidade humana do povo, que impedia a aprovação do novo, do progressivo. As pessoas consideravam que a esfera de manifestação e a fonte do belo eram, antes de mais, a vida quotidiana, tudo o que rodeava constantemente os membros da família: a beleza da casa, as coisas, as roupas, as jóias.

A estética do trabalho era entendida como o trabalho produtivo coletivo amigável da família, da comunidade, como a beleza do próprio processo de trabalho e dos seus resultados. O belo também se encontrava na esfera da comunicação e do comportamento humano. A estética da comunicação incluía os requisitos da cultura da fala, a polidez, o tato, o respeito e a honra pelos mais velhos. A pedagogia popular considerava todas as esferas da beleza como uma fonte de desenvolvimento na geração jovem, não só da compreensão da essência da beleza, da capacidade de a apreciar, mas também da capacidade de criar beleza.

Literatura

1   Baturin A.G., Kuzina T.F. A pedagogia popular na educação de crianças em idade pré-escolar. M., 1995.- P. 47-48,66-67.

2   Volkov G.I. Etnopedagogia. - Cheboksary, 1974. - 376 c.

3   Etnopedagogia cazaque / ost. Kaliev. - Almaty, 1996. - 22 c.

4   Kozhakhmetova K.J. Kazakh ethnopedagogy: methodology, theory, practice. Almaty: Fylym, 1998. - 316 c.

5   Kozhakhmetova K.J. Mekteptsh ulgtyk terbiye zhγyesi: teoria e prática. - Almaty, 1997. - 142 б.

6   Ushinsky K.D. Sobre a nacionalidade no ensino público / Ped.opis. em 6 T. / Compilado por. C. F. Egorov.-M.:Pedagogika, 1988, Vol. 2.-527 p.

7   Pedagogia étnica: um livro de leitura/Pyatin V.A., Trenev A.M., Alekseeva G.V. et al. - Astrakhan, 1995. - 276 c.

10 Educação espiritual e moral e educação na cívico-patriótico pedagogia popular.

Conceitos básicos

A pedagogia popular é um sistema de educação baseado nas peculiaridades nacionais e históricas de uma determinada nação, nas suas tradições, costumes, fé, e que reflecte a sua mentalidade, constituição psicológica e predilecções emocionais e estéticas. A pedagogia popular acumulou as principais ideias pedagógicas da experiência secular do povo: cooperação em actividades de vida conjuntas, dedicação espiritual e misericórdia, elevação das necessidades espirituais sobre as "terrenas" e muitas outras.

Patriotismo - traduzido do grego significa amor pela pátria, devoção à pátria.

O patriotismo é entendido como um dos valores mais significativos e duradouros inerentes a todas as esferas da vida da sociedade e do Estado, que é o bem espiritual mais importante do indivíduo. O patriotismo manifesta-se na posição ativa do indivíduo, na disponibilidade para a auto-realização em benefício da Pátria. O patriotismo incorpora o respeito pela pátria, o envolvimento com a sua história, cultura, realizações e valores do povo.

Atualmente, o patriotismo é cada vez mais entendido como o valor mais importante que integra não só componentes sociais, mas também espirituais e morais, ideológicas, culturais, históricas, militares e outras.

A cidadania é uma caraterística integradora da personalidade de uma pessoa, um conceito que caracteriza a posição cívica e patriótica de uma pessoa, a sua orientação de valores, que implica a responsabilidade pelo destino da Pátria, o envolvimento com o seu destino.

A educação, em sentido lato, é o processo de socialização de uma pessoa, ou seja, a assimilação por uma pessoa de valores, atitudes, normas e padrões de comportamento caraterísticos de uma dada sociedade ou grupo social e a reprodução por uma pessoa de laços sociais e experiência social.

A educação, em sentido estrito, é uma atividade intencional destinada a formar nas crianças e nos jovens certas qualidades pessoais, atitudes e convicções socialmente significativas.

10.1 Educação espiritual, moral e cívico-patriótica.

Patriotismo, na tradução do grego, significa *amor pela pátria, devoção à pátria. A "cidadania"* é uma caraterística integrativa e complexa da personalidade de uma pessoa, um conceito que caracteriza a posição cívica e patriótica de uma pessoa, a sua orientação de valores, que implica responsabilidade pelo destino da sua pátria, envolvimento com o seu destino.

Ao longo da história da humanidade, o problema do patriotismo, da atitude para com a Pátria, tem sido objeto da atenção constante de pensadores, figuras públicas, cientistas, professores. O potencial espiritual da ideia patriótica reflecte-se nas fontes escritas e orais dos povos do nosso país e de todos os países do mundo. O próprio termo "patriota" tem sido amplamente utilizado desde a Grande Revolução Francesa em 1789, mas as raízes históricas do patriotismo têm séculos de história. Gerações de figuras públicas russas viram a ideia de patriotismo como o princípio moral e organizador da vida do povo russo, entendendo-o como a ideia de unidade doméstica, harmonia, proteção da terra natal, a ideia de igualdade dos povos, a ideia de dever moral para com a sociedade, a ideia de responsabilidade pelo destino da Pátria.

O patriotismo é entendido como um dos valores mais significativos e duradouros inerentes a todas as esferas da vida da sociedade e do Estado, que é o bem espiritual mais importante do indivíduo. O patriotismo manifesta-se na posição ativa do indivíduo, na disponibilidade para a auto-realização em benefício da Pátria. O patriotismo incorpora o respeito pela pátria, o envolvimento com a sua história, cultura, realizações e valores do povo.

Atualmente, o patriotismo é cada vez mais entendido como o valor mais importante que integra não só componentes sociais, mas também espirituais e morais, ideológicas, culturais, históricas, militares e outras.

A nossa abordagem ao fenómeno da educação patriótica baseia-se na definição de educação como uma atividade pedagógica profissional destinada a criar condições para o desenvolvimento motivacional e de valores de uma pessoa.

O conceito do programa de desenvolvimento profissional para professores baseia-se na compreensão da *educação cívica e patriótica, espiritual e moral como uma atividade espiritual e prática socialmente significativa*, uma área de trabalho prioritária para as instituições educativas. Entendemos a educação espiritual e moral como a educação do "humano no homem", o desenvolvimento das qualidades e atributos naturais de uma pessoa. Uma parte integrante, a base da educação moral é a *educação cívico-patriótica*, que entendemos como a educação de uma pessoa com as qualidades de um *cidadão patriótico*, o que implica o respeito pela sua pátria, a sua história e cultura.

Nas condições actuais, a prioridade mais importante é a formação de um sistema de educação patriótica como base para a consolidação da sociedade e o reforço do Estado.

O problema da correlação entre a educação patriótica, espiritual, moral e cívica é relevante para a sociedade, mas ao mesmo tempo é muito delicado. A educação espiritual, enquanto processo de ascensão humana a valores absolutos, é uma das áreas centrais da atividade das organizações religiosas e das associações de cidadãos e, a este respeito, as actividades das instituições educativas estatais seculares estão em estreito contacto com as actividades das confissões religiosas. Neste domínio, é necessário o diálogo e a procura de entendimento mútuo entre todas as partes interessadas.

As novas necessidades da sociedade do Cazaquistão, em grande parte condicionadas pelos desafios globais da humanidade, exigem urgentemente o desenvolvimento de métodos eficazes de formação e desenvolvimento profissional do pessoal pedagógico para organizar e conduzir o trabalho educativo no sistema de ensino, a fim de formar o mundo espiritual da geração mais jovem, uma componente significativa da qual deve ser os valores do patriotismo e da cidadania.

Literatura

1   ShakhanovN   . O   mundo   da cultura tradicional Cazaques/Esboços etnográficos. - Almaty: Cazaquistão, 1998. - 8c.

2   Baturina G.I., Kuzina T.F. Pedagogia popular no processo educacional moderno. - M., 2008.

3   Kalybekov S. Fundamentos teóricos e aplicados da pedagogia popular do Cazaquistão. - Almaty: Asma, 2005. - 320 c.

4   Suretenov S. K. Alguns aspectos do papel da arte decorativa e aplicada no património etnocultural do Cazaquistão / Sayasat - 2000 - P.8-12c.

5   Margulan A. H.. Arte popular aplicada do Cazaquistão. - Alma-Ata, "Oner", 1988. -volume 1 P. 109-143.

6   Kozhakhmetova K. J. Kazakh ethnopedagogy: methodology, theory, practice. - Almaty, 2008.

7   Omirbekov M. Sh Traditional Culture of Kazakhs. - Almaty", 2009. - 234c.

8   Etnopedagogia dos povos do Cazaquistão / Editado por G.N. Volkov, K.J. Kozhakhmetova. - Almaty, 2001 - 304 p.

9   Akhmetov M. Canções e tradições populares do Cazaquistão. - Almaty, 2011 - 241 p.

10   Pankratova V. A. Formação em produção de alfaiates. - Moscovo: Escola Superior, 2009. - 185 c.

11   Zharykbaev K.B., Kaliev S.K. History of Kazakh pedagogy and psychology. - Almaty, 2005. - 322 c.

12   Izmailov A. Folk pedagogy: pedagogical views of the peoples of Central Asia and Kazakhstan (Pedagogia popular: perspectivas pedagógicas dos povos da Ásia Central e do Cazaquistão). - Moscovo: Pedagogia, 2006. - 284 c.

13   Kaliev S. Pedagogical thoughts in the poetry of akyns and zhyrau of XV-XIX centuries. - Almaty, 2006. - 297 c.

11 Educação para o trabalho em etnopedagogia

Conceitos básicos sobre o tema

A educação para o trabalho é um processo multifacetado e dialético, através do qual a geração mais jovem adopta a experiência laboral e social das gerações mais velhas e é assim preparada prática, ideológica e moralmente para o trabalho, para a gestão da produção e do Estado.

O trabalho é uma atividade humana expedita e consciente que visa satisfazer as necessidades do indivíduo e da sociedade.

A psicologia é uma ciência que estuda os processos de reflexão ativa de uma pessoa sobre a realidade objetiva sob a forma de sensações, percepções, pensamento, sentimentos e outros processos e fenómenos da psique.

A educação para o trabalho nas obras dos pedagogos clássicos.

Muitos representantes da pedagogia progressista prestaram e prestam atenção à educação laboral da geração jovem. A ligação da educação para o trabalho com as condições sociais da sociedade e da vida colectiva é especialmente caraterística da família pedagógica **de A.S. Makarenko**, que se baseia na formação da personalidade no trabalho socialmente significativo organizado. Atribuiu grande importância à atividade laboral como um dos factores mais importantes para a formação do carácter humano.

Nas condições actuais, a necessidade de conhecer os fundamentos psicológicos da formação profissional aumentou significativamente. O conteúdo exige do professor um conhecimento psicológico profundo, a capacidade de ter em conta no seu trabalho as caraterísticas etárias da criança, as regularidades da formação da sua personalidade.

Uma das principais ideias do património pedagógico *de* **Abai Kunanbaev** consiste em *introduzir as pessoas, especialmente os jovens, no trabalho*. O poeta e pensador acredita que o nível de vida do povo, a sua consciência, a cultura e as relações corretas entre as pessoas dependem do seu grau de trabalho. Para Abay, bem como para outros democratas iluministas cazaques, o trabalho é a fonte da riqueza e do bem-estar. Só o trabalho e a diligência abrem caminho ao conhecimento e à arte, fazem recuar o atraso secular das pessoas e mudam a sua psicologia.

O trabalho é a **base da educação** em todas as nações. Os pedagogos Yakut **Chiryaev K.S., Danilov D.A., Semenova A.D., Savvinov T.T., Neustroev N.D. e outros** chamam a atenção para as possibilidades de educação laboral da geração mais jovem nos seus trabalhos. **Semenova A.D., Savvinov T.T., Neustroev N.D. e outros.** A relação do homem com a sociedade, com a natureza e com os outros é feita através do trabalho. A **principal preocupação da educação nacional** é a diligência, o amor pelas **pessoas** do trabalho. A diligência no trabalho é considerada uma medida do valor da personalidade.

Uma escola moderna deve criar, educar e formar a geração mais jovem tendo em conta as condições sociais em que viverão e trabalharão no novo século. São criadas novas oportunidades para um maior crescimento da produtividade do trabalho em todas as esferas da produção material e espiritual, o potencial intelectual da sociedade é aumentado e o homem moderno é criado de uma forma abrangente e harmoniosa.

A **família trabalhadora** é o motor da nossa sociedade. O **núcleo da educação familiar** são as tradições da pedagogia popular - a pedagogia da liberdade e do amor, a formação de uma atitude cuidadosa em relação ao trabalho, à cultura nativa, à língua e à natureza.

A **base metodológica do** estudo são os trabalhos dos clássicos da pedagogia russa Makarenko A.S., Sukhomlinsky V.A., Ushinsky K.D., trabalhos de professores e psicólogos modernos sobre o tema do estudo (Ivashchenko F.I., Chernyshenko I.D., Zaretskaya I.I., Varnakova E.D., Pavlova N.P., etc.).

A unidade do trabalho e da educação é conseguida pelo facto de o homem, conhecendo o mundo através do trabalho, criar beleza, afirmando assim em si próprio o sentido da beleza do trabalho, da criatividade, da cognição.

"O trabalho, - escreveu A.S. Makarenko, - sem educação, sem formação política e social, não traz benefícios educativos, é um processo neutro. Podemos obrigar uma pessoa a trabalhar tanto quanto quisermos, mas se, ao mesmo tempo, não a educarmos política e moralmente, se ela não participar na vida pública e política, então esse trabalho será apenas um processo neutro, sem resultados positivos.

A **tarefa de trabalho** e **a sua solução** devem ser tão agradáveis que a criança sinta alegria. O reconhecimento do seu trabalho como um bom trabalho deve ser a melhor recompensa pelo seu trabalho.

Na atividade laboral das crianças, A.S. Makarenko dava a maior importância aos resultados pedagógicos paralelos (aptidões, capacidades, conhecimentos, traços de carácter e outras qualidades da personalidade humana), a que esta atividade conduzia, tendo como resultado o máximo desenvolvimento e aperfeiçoamento das suas forças e capacidades naturais.

Objectivos da educação para o trabalho:

1.   **Democratização da vida social**, movimento no sentido de garantir a prioridade do indivíduo, transição para uma economia de mercado - o conteúdo e as formas de formação profissional dos alunos devem corresponder a estas principais realidades da atualidade.

2.   O **novo sistema de relações** no trabalho com base nas tradições étnicas ajuda os alunos a compreenderem o estudo como uma atividade laboral, de natureza não só pessoal mas também social, que exige um certo esforço, planeamento e determinação na resolução de tarefas, bem como a organização correta do próprio processo de atividade cognitiva.

3.   **Atividade-tarefa criativa** relacionada com a formação de hábitos morais, competências, formas criativas de atividade: o hábito de levar o trabalho iniciado até ao fim, fazendo-o bem, conscienciosamente, mostrando iniciativa, abordagem criativa para resolver qualquer tarefa laboral.

4. A **tarefa do aspeto valorativo**, ligada à formação de uma atitude valorativa em relação ao trabalho como forma de desenvolvimento integral das capacidades criativas de cada um, uma forma de auto-afirmação como pessoa que tem uma atividade preferida, uma vocação, necessária, útil à sociedade e tudo isto respeitado pelas pessoas e pelas colectividades;

5. A **tarefa do aspeto comportamental**, que implica a educação do desejo e da capacidade de trabalhar em equipa, em conjunto com outras pessoas, de construir as suas relações tendo em conta os interesses da equipa de trabalho, de regular adequadamente o seu comportamento no processo de atividade colectiva, alcançando o sucesso, mostrando a capacidade de autocontrolo, auto-organização, autodisciplina no trabalho.

O trabalho para o bem das pessoas, para o bem da sociedade, não é apenas a base da prosperidade, mas também da cultura. Assim, chamando as pessoas ao progresso, mostrando aos jovens o caminho do conhecimento e das ciências, Abay viu no trabalho a base para a resolução de todas estas questões. Considerava as questões da educação para o trabalho como o núcleo principal de qualquer educação em geral. No entanto, a educação laboral de um jovem só é mais bem sucedida *se este trabalho estiver diariamente ligado ao trabalho da maioria, ao trabalho das massas.*

Reconhecendo e sublinhando a *unidade da educação para o trabalho com outros aspectos do desenvolvimento da geração mais jovem, o* grande iluminista cazaque assinalou os seguintes efeitos benéficos principais do trabalho social: o trabalho desperta as qualidades morais, torna belo o mundo interior do homem, enobrece-o, torna-o fisicamente belo e resistente, protege-o da obediência cega; inspira fé em si próprio e num futuro brilhante; proporciona uma posição material sólida.

Literatura

1 Borozdin Yu.A. Educação laboral no sistema pedagógico de K.D. Ushinsky : Cand. ped. sciences : 13.00.01 : Kursk, 2001

2 Sukhomlinsky V. A. Izbr. ped. op. em 3 vol. M., 1979, vol. 1

3 Bure R.S., Kostelova L.D.. Desenvolvimento da teoria e metodologia da educação das qualidades e relações morais das crianças na pedagogia dos 50-60 anos.

4 Petrovsky V.A. A personalidade em psicologia: o paradigma da subjetividade. - Rostov n/Donu, 2001

5 Kozhakhmetova K.J. Kazakh ethnopedagogy: methodology, theory, practice. - Almaty: Gylym, 1998.

6 Uzakbaeva S.A., Kozhakhmetova K.J. O conceito de formação etnopedagógica de estudantes do ensino superior. -Almaty, 1998.

7 Uzakbaeva S.A., Kozhakhmetova K.J. Use of materials of Kazakh ethnopedagogy in the study of pedagogical disciplines. - Almaty, 1997.

8 Abilova Z.A., Kalieva K.M. Ethnopedagogy. - Almaty, 1999.

9 Izmailov A.E. Pedagogia popular: visões pedagógicas dos povos da Ásia Central

e do Cazaquistão. - M.,1991

10   Nauryzbay J.J. Ethno-cultural education. - Almaty, "Gylym", 1997

12 Educação ética e estética na pedagogia popular.

Conceitos básicos

A pedagogia popular é um sistema de educação familiar e pública baseado nas peculiaridades históricas nacionais de um determinado povo, nas suas tradições, costumes, fé, e que reflecte a sua mentalidade, constituição psicológica e predilecções emocionais e estéticas.

A educação é um impacto especialmente organizado, intencional e controlado do coletivo de educadores sobre a pessoa educada, com o objetivo de formar nela as qualidades que lhe são dadas, realizado em instituições educativas e educacionais e abrangendo todo o processo educativo.

A educação ética é uma interação intencional entre educadores e alunos com o objetivo de desenvolver as regras de boas maneiras nestes últimos, formando uma cultura de comportamento e de relações.

A educação estética é um processo intencional de formação de uma personalidade criativa capaz de percecionar, sentir, avaliar o belo e criar valores artísticos.

A educação popular é um fenómeno objetivo e legítimo na vida de um povo, cuja finalidade é assegurar a continuidade dos laços entre as gerações, realizada de acordo com os objectivos da pedagogia popular

12.1 Educação estética

A educação **estética** é a educação através das coisas belas da arte, da natureza e de toda a realidade circundante.

As principais tarefas da educação estética:

1) **o desenvolvimento da perceção estética, a capacidade de percecionar o belo na natureza e na arte.** Este desenvolvimento manifesta-se nos alunos no despertar de sentimentos estéticos, na capacidade de reagir ao belo. Perante o belo, uma pessoa pode admirar e admirar-se, ressentir-se e entristecer-se, sentir amor e ódio, afeto e desgosto, alegria, etc. A tarefa do professor é formar nos alunos a capacidade de serem sensíveis à natureza e à arte. **A educação estética** é necessária para compreender, para desenvolver a capacidade de percecionar o belo. Isto aplica-se, antes de mais, a tipos de arte como a pintura, a escultura, a música, a literatura;

2) **a educação do gosto estético, a capacidade de apreciar o belo.** O gosto estético é difícil de formar, cada pessoa tem o seu próprio ideal estético. Em estética, o belo é aquilo que é capaz de provocar sentimentos e emoções favoráveis, de proporcionar prazer estético. O gosto estético de cada pessoa pode não coincidir com o gosto estético e o ideal de outra pessoa. Como deve um professor comportar-se quando um aluno prova que a música no estilo "rock pesado" lhe dá prazer estético? É possível rejeitar sem reservas esse ponto de vista? Não. É este o **papel do professor**: não tanto formar certas ideias tradicionais, estabelecidas, sobre o belo, mas ensinar a correlacionar os gostos estéticos de diferentes pessoas em diferentes períodos históricos e os gostos estéticos actuais com os seus próprios gostos pessoais;

3) educação da atitude estética perante a realidade, que inclui acções humanas activas para proteger e defender o belo. Esta tarefa não é apenas um problema de educação estética, mas também de educação moral. Os alunos devem conhecer as disposições básicas do comportamento estético. O professor não deve apenas apresentar visualmente objectos de arte, mas também propor aos alunos que tentem criar eles próprios essas "obras-primas". Deste modo, os alunos aprenderão a apreciar a arte e aqueles que contribuem para a desenvolver. As ideias de educação estética tiveram origem na antiguidade, nos tempos de Platão e Aristóteles. O termo "estética" vem do grego - percepcionado pelo sentimento. Os filósofos materialistas (Diderot, Chernyshevsky) acreditavam que o objeto da estética como ciência é o belo. Esta categoria constituiu a base do sistema de educação estética.

D.B. Likhachev definiu *a educação estética da* seguinte forma: é um processo intencional de formação de uma personalidade criativa capaz de percecionar, sentir, avaliar o belo e criar valores artísticos. Esta definição é relevante para uma personalidade madura. No entanto, mesmo as crianças do pré-escolar e da primeira infância são capazes de reagir às coisas belas do ambiente, à música, à poesia, à natureza, e esforçam-se por desenhar, esculpir, dançar, compor poemas.

Num breve dicionário sobre estética: educação estética - um sistema de medidas destinadas a desenvolver e melhorar a capacidade de perceber, compreender corretamente, apreciar e criar o belo e o sublime na vida e na arte.

Existem muitas definições do conceito de "educação estética", mas tendo considerado apenas algumas delas, já é possível destacar as principais disposições que falam da sua essência.

1. É um processo de seleção de alvos

2. Esta é a formação da capacidade de perceber e ver a beleza na arte e na vida, de a avaliar.

3. A tarefa da educação estética é a formação dos gostos e ideais estéticos do indivíduo.

4. É o desenvolvimento da capacidade de criar e criar coisas bonitas de forma autónoma.

12.2 Educação ética

A educação ética (moral) é um impacto educativo sistemático sobre a personalidade humana, que visa a formação de qualidades morais socialmente consistentes numa pessoa. Estas qualidades incluem a responsabilidade, a humanidade, uma elevada cultura de comportamento, a compreensão e o esforço para preservar os valores universais, o desenvolvimento de crenças e hábitos morais, uma elevada cultura de relações interétnicas, o patriotismo, a estabilidade da visão científica do mundo, etc. Muitas vezes, o conceito de moralidade é utilizado como sinónimo de moralidade pessoal. **A moralidade** é um sistema de normas, regras e requisitos impostos pela sociedade ao indivíduo. A formação da moralidade é a tradução das normas, regras e exigências morais em competências e hábitos. A moralidade da sociedade abrange uma grande variedade de atitudes humanas em relação a diferentes esferas da vida e da atividade: atitudes patrióticas, atitudes em relação a outros povos e à sua cultura, atitudes em relação ao trabalho e aos produtos do trabalho, atitudes em relação às pessoas, atitudes em relação a si próprio. A particularidade da educação moral é que o cumprimento das normas e regras sociais morais é uma questão voluntária, dependendo dos motivos e necessidades internas da própria pessoa. A única punição para a sua não observância pode ser a condenação, a desaprovação por parte da sociedade ou dos seus membros individuais, e aqui está o significado importante para uma pessoa desta desaprovação, o papel da opinião pública na sua consciência. Uma pessoa moralmente educada considera a sociedade e a opinião pública como um fator determinante do seu comportamento, uma vez que se associa a esta sociedade e se considera parte dela, o que a obriga a observar as normas e regras de comportamento socialmente aceites. Uma pessoa só se torna moralmente educada quando as normas e regras de comportamento ditadas pela sociedade se tornam as suas próprias opiniões e crenças, e as exigências feitas ao indivíduo se tornam as necessidades internas da pessoa. Atualmente, a tarefa de reavivar os valores universais é premente. O mais importante deles é a vida. A este respeito, a partir da idade escolar primária, é necessário educar as crianças, tendo em conta as suas futuras responsabilidades parentais, ou seja, incutir uma compreensão da vida humana como o maior valor, uma atitude humana em relação a ela, o conceito de responsabilidade pelos próprios filhos, a importância do seu crescimento e desenvolvimento saudável e pleno, e uma atitude cuidadosa em relação à própria vida. Na educação dos filhos, é necessário formar neles a firme convicção de que é inadmissível qualquer atentado à sua saúde e à vida dos outros. O direito humano fundamental é o direito à vida. Outro valor da humanidade é a liberdade. A compreensão correta desta definição é de grande importância. Muitas vezes, as crianças entendem o direito à liberdade como permissividade, impunidade e falta de disciplina. De facto, a liberdade e a disciplina são conceitos inseparáveis, inerentes a uma sociedade democrática.

Literatura

1   Volkov G.N. Etnopedagogia. 1999.

2   Nezdemkovskaya G.V. Origem e desenvolvimento da etnopedagogia // "Psicologia e Pedagogia", 11 de maio de 2009.

3   Kuzmin M.N. Culturas nacionais e línguas na escola // Mesa redonda. - 1998. - № 4. - C. 8-12.

4   Yasvin V.A. Especialização do ambiente educacional escolar. - M., 2000. - 178 c.

5   Slobodchikov V. Ambiente educativo: realização de objectivos educativos no espaço da cultura // Novos valores da educação: modelos culturais de escolas. - Moscovo: Prosveshcheniye, 1997. - C. 177-185.

6   Krylova N. Modelos culturais de educação do ponto de vista da pedagogia pós-moderna // Novos valores da educação: modelos culturais de escolas. - Moscovo: Prosveshcheniye, 1997. - C. 185-205.

13 Educação etno-pedagógica na família

Objetivo: Analisar a educação etnopedagógica na família.

Plano

1   O conceito de educação popular.

2   Caraterísticas da educação familiar.

3   O impacto das ferramentas educativas no processo de parentalidade na família.

4   Educação para o trabalho na família.

Conceitos básicos sobre o tema

1.   **A educação popular** é um fenómeno objetivo e legítimo na vida de um determinado povo, cuja finalidade é assegurar a continuidade da comunicação entre as gerações, realizada de acordo com os objectivos da pedagogia popular.

2.   A continuidade é uma condição para o desenvolvimento contínuo. Ao mesmo tempo, a própria permanência no desenvolvimento é uma manifestação concreta da continuidade entre o futuro e o passado através do presente.

3.   **A educação para o trabalho** é uma atividade conjunta do tutor e do aluno que visa o desenvolvimento das suas competências e capacidades laborais gerais, a sua preparação psicológica para o trabalho, a formação de uma atitude responsável em relação ao trabalho e a escolha consciente da profissão.

4.   **A parentalidade familiar é um** nome genérico para os processos em que os pais e outros membros da família influenciam as crianças para alcançarem os resultados desejados.

13.1 Peculiaridades da educação familiar.

A educação familiar tanto pode ter uma influência positiva no desenvolvimento da personalidade e do carácter de uma criança, como pode atuar como um fator desfavorável. O aspeto positivo da influência da família sobre uma criança pode ser designado como a presença de pessoas próximas que certamente a amam e cuidam dela como mais ninguém. E, ao mesmo tempo, nenhum coletivo educativo pode potencialmente causar tantos danos na educação das crianças como, por vezes, a educação familiar.

A família é uma comunidade especial que desempenha um papel fundamental, duradouro e importante na educação de uma criança. Um ambiente familiar tenso não favorece o desenvolvimento harmonioso da criança. Os pais ansiosos produzem frequentemente filhos ansiosos, os pais ambiciosos têm filhos que sofrem de um complexo de inferioridade, a intemperança dos pais forma um tipo de comportamento semelhante nos seus filhos. Em relação às peculiaridades da educação familiar, surge a questão de saber como aumentar os factores positivos da educação e reduzir os negativos. Para isso, é necessário determinar os factores intra-familiares que influenciam o processo educativo. Afinal de contas, o comportamento adequado ou inadequado da criança depende das condições de educação na família.

Problemas e particularidades da educação

A educação dos filhos e o desenvolvimento da personalidade de uma pessoa pequena é a realização da unidade da alma, a ligação psicológica entre os pais e o seu filho. Os pais não devem faltar ao processo educativo em relação ao seu próprio filho, transferindo-o para os ombros de amas ou instituições educativas. Isto é especialmente verdade no caso da adolescência - não se deve deixar um filho adulto sozinho consigo próprio e com as suas dificuldades. Um verdadeiro problema na educação também pode ser a falta de exemplo dos pais. É muito importante que aquilo que queremos incutir no futuro adulto seja reforçado por eles. Para que a educação dos filhos seja eficaz, é necessário que a teoria seja apoiada pela prática. Ou seja, os próprios pais devem cumprir as exigências que estabelecem para os seus filhos.

Um problema significativo da parentalidade é o facto de poderem existir desacordos entre os pais sobre a sua abordagem à educação dos filhos. Isto acontece porque cada um dos pais vê os seus filhos como uma extensão de si próprio e é muito difícil afastar-se desta ideia. E com base nas diferenças entre as peculiaridades da educação da mãe e do pai, podem surgir conflitos que afectam negativamente a formação da personalidade e do carácter da criança. Por isso, a necessidade de encontrar um compromisso, uma solução comum nas abordagens à educação - a primeira tarefa dos pais. Quando um pai toma uma decisão sozinho, deve necessariamente lembrar-se da posição do outro e ter em conta os interesses do seu filho. A segunda tarefa é proteger a criança de discutir as contradições entre os pais, é melhor chegar a acordo em privado. Não dar à criança um motivo para ceder à tentação da manipulação, manobrando entre as várias proibições e permissões dos pais. Mas, em qualquer caso, ao tomar qualquer decisão relativa à educação de uma criança, os pais devem colocar em primeiro lugar não os seus próprios pontos de vista e ambições, mas o que será útil e favorável para a criança.

Em todo o caso, o pai e a mãe demonstram o seu amor pela criança de formas diferentes. O amor materno é, na maioria das vezes, incondicional, enquanto o amor paterno é mais condicional. Por conseguinte, a variante ideal da interação familiar nas crianças - quando a mãe, no seu comportamento, mostra mais traços puramente femininos - suavidade, tolerância, bondade, capacidade de empatia. E o pai demonstra traços masculinos - vigor, vontade, perseverança, inteligência, auto-confiança.

Na comunicação entre adultos e crianças, é melhor seguir os seguintes princípios de comunicação:

Amor incondicional - aceitação do seu filho tal como ele é, ou seja, os pais amam o seu filho não pelas suas qualidades positivas ou pela ausência de qualidades más, mas simplesmente pelo facto de o terem, apesar do seu comportamento e dos seus delitos.

Um problema significativo na educação dos filhos é o facto de os pais gostarem mais de um filho se este corresponder às suas expectativas - se aprender e se se comportar bem. Mas nem sempre as necessidades das crianças coincidem com as necessidades dos pais, o que leva a que a criança seja emocionalmente rejeitada pela família e a relação mude para pior. Isto traz insegurança à criança em relação a si própria e às suas acções. A criança não sente a segurança emocional que foi assumida desde o momento em que nasceu, o que leva a dificuldades significativas. (um exemplo de amor condicional).

Por vezes, uma criança é indiferente aos seus pais e pode mesmo ser rejeitada por eles. Isto acontece nas famílias anti-sociais, mas também pode acontecer numa boa família, e não necessariamente os pais fazem-no de propósito e têm consciência desse facto.

O tipo de relação que se estabelece entre pais e filhos é o fator mais importante do seu desenvolvimento. Cada família tem um determinado sistema de educação, nem sempre concretizado, que pode ser moderno ou desfasado da realidade. O sistema de educação é entendido como os objectivos da educação, a formulação das tarefas e as formas de influenciar a criança.

O povo do Cazaquistão prestava especial atenção à educação das crianças, especialmente dos rapazes e das raparigas, separadamente.

Os nossos antepassados tentaram educar um rapaz para ser trabalhador, guerreiro, caçador, cantor, domador, amante do gado, domador de pássaros (Kusbegi). Absorveram no seu coração as qualidades humanas, a arte, o trabalho. A partir dos cinco anos, aprendem os ofícios de artesão: cuidar do gado, caçar, cortar lenha, fazer as coisas necessárias à vida quotidiana com madeira, couro, ferro, etc., ou seja, a arte do artesanato. Os pais controlavam o domínio das competências desde a infância. Tudo isto constitui a base da educação de um rapaz. Além disso, as principais condições da educação de um rapaz eram: conhecimento das tradições e dos jogos nacionais (corridas de cavalos, jogo do golpe, receção de convidados, canto, tocar dombra, conhecimento de provérbios e ditados, respeito pelos mais velhos, etc.).

Os cazaques têm uma tradição de tratar os convidados. O anfitrião da casa pede ao convidado "konak kade" (os convidados devem contar uma história ou tocar dombra, cantar, etc.). Há outra tradição "at tergeu", que começa com uma saudação. Os convidados pedem às crianças de 5-7 anos que digam o nome e a lista de 7 dos seus antepassados. Não conhecer os seus antepassados era considerado uma vergonha. Depois disso, os convidados dão uma bênção às crianças.

Três grupos de familiares de um dzhigit. São eles: os parentes da esposa (kayyn jurti), os seus próprios parentes (θ3 jurti), os parentes maternos (naFashy jurti). O pai é o pilar da família. Os cazaques têm provérbios como: "O pai é uma árvore gigante e as folhas são os seus filhos", "Um rapaz crescerá a olhar para o pai e uma rapariga para a mãe". Os antepassados ensinaram aos seus filhos a oratória, o engenho, o desenvolvimento das capacidades mentais através do conhecimento de lendas, contos de fadas e provérbios.

As raparigas vão crescer - vão decorar a aldeia (*Czyz θcce, slot κθρκι*)

A principal tarefa das mulheres é trazer ao mundo a descendência e criar os filhos. A força de uma família depende da mulher. A sua paciência, bondade e outras boas qualidades beneficiarão a família.

O respeito pelos mais velhos é uma tradição antiga do povo cazaque. Os jovens não devem atravessar a rua em frente dos mais velhos, ser educados, não discutir com os mais velhos, não se deve rir alto em frente dos mais velhos.

As mulheres do Cazaquistão aconselham as suas noras (nora) sobre como tratar os convidados e cuidar de uma criança. As pessoas dizem: "Não é a nora que é má, é a casa de onde ela veio".

Beleza corporal. Uma rapariga deve ser bonita por fora e por dentro. A própria juventude é um sinal de beleza e ternura. As raparigas do Cazaquistão devem ter uma trança comprida. Para que o cabelo cresça bem, as raparigas do Cazaquistão lavam o cabelo com hena e kefir. É por isso que se diz: "A aparência decente dá origem à confiança". As raparigas vestiam camisas, sashpent, borik e outras roupas nacionais. Também usavam jóias: brincos, pulseiras, shashbau (adornos para o cabelo). O objetivo da descrição da beleza nas obras populares é educar os jovens para a beleza e para serem belos.

O corpo é um sacrifício da alma, a alma é um sacrifício de honra. O povo do Cazaquistão atribuía grande importância à honra de uma rapariga, de uma noiva. As raparigas do Cazaquistão estavam sob o cuidado das esposas dos irmãos.

Literatura

1   Izmailov A.E. Folk pedagogy: Pedagogical views of the peoples of Central Asia and Kazakhstan, - M., Pedagogics, 1991

2   Volkov G.N. Etnopedagogia. - Cheboksary: Editora de Livros Chuvash, 1974.

3   Kukushkin V.S. Etnopedagogia. Moscovo-Voronezh, 2002.

4   Kaliev S.K. Theoretical problems of Kazakh ethnopedagogy (Problemas teóricos da etnopedagogia cazaque). - Almaty, 2004.

14 Caraterísticas etno-psicológicas dos povos do Cazaquistão

Conceitos básicos

Psicologia dos povos (psicologia étnica, etnopsicologia) - um dos ramos da psicologia que considera como objeto as peculiaridades da constituição mental de diferentes raças e povos.

Uma **nação** é um determinado grupo de pessoas que se distingue pela comunhão de um certo número de caraterísticas - língua, cultura, território, religião, passado histórico, etc.

O temperamento é um conjunto estável de caraterísticas psicofisiológicas individuais de uma personalidade relacionadas com aspectos dinâmicos e não substantivos da atividade.

O costume é um comportamento estereotipado herdado que se reproduz numa determinada sociedade ou grupo social e é habitual para os seus membros.

A tradição (do latim traditio **"tradição"**, costume) é um conjunto de ideias, rituais, hábitos e aptidões da atividade prática e social, transmitidos de geração em geração, funcionando como um dos reguladores das relações sociais.

14.1 Caraterísticas etnopsicológicas da educação dos povos do Cazaquistão.

O termo "psicologia étnica" foi proposto na segunda metade do século XIX pelos filósofos e linguistas alemães G. Steinthal e M. Latsarus, que tentaram justificar o conceito de psicologia étnica e formular as suas tarefas. Apoiando-se na psicologia de I. Herbart e interpretando o conceito de "espírito do povo" (por analogia com a consciência individual) a partir de posições herbartianas, tentaram provar nas páginas da revista "Psicologia dos Povos e Linguística", fundada por eles em 1859, que a língua, a religião, o direito, a arte, a ciência, a vida quotidiana, os costumes, etc. recebem a explicação final na psicologia do povo como portador da mente colectiva, da vontade, dos sentimentos, do carácter, do temperamento, etc. De acordo com este entendimento, todos os fenómenos da vida social representam uma forma peculiar de "emanação do espírito do povo". A tarefa da psicologia dos povos como uma ciência separada é conhecer psicologicamente a essência do espírito do povo, descobrir as leis pelas quais a atividade espiritual dos povos procede.

B. Wundt criticou o intelectualismo dos pontos de vista de G. Steinthal e M. Latsarus e apresentou um entendimento voluntarista igualmente idealista da essência e das tarefas da psicologia étnica. Abandonou a noção indefinida do "espírito do todo" e deu uma forma mais realista à psicologia dos povos, propondo um programa de estudos empíricos da língua, dos mitos e dos costumes - uma espécie de sociologia da consciência quotidiana. Na sua versão, a psicologia dos povos é uma ciência descritiva que não pretende descobrir e criar leis, mas fixa as caraterísticas das "camadas profundas" da vida espiritual dos povos. Para Wundt, a consciência popular era uma "síntese criativa" das consciências individuais, que dava origem a uma realidade qualitativamente nova, encontrada nos produtos da atividade sub-individual.

A escola da psicologia dos povos serviu de ponto de partida para o desenvolvimento da psicologia compreensiva de W. Dilthey e E. Spranger, bem como da escola sociológica francesa. Dilthey e E. Spranger, bem como a escola sociológica francesa. Ao colocar a questão da natureza da socialidade, a psicologia dos povos resolveu a questão da relação entre consciência individual e consciência social a favor desta última. Segundo Steinthal, todos os indivíduos de uma nação trazem a marca da natureza particular dessa nação tanto no seu corpo como na sua alma. Os efeitos das "influências corporais" sobre a alma provocam o aparecimento de qualidades sócio-psicológicas comuns em diferentes membros de um mesmo povo, em consequência das quais todos possuem o mesmo "espírito popular". Esta semelhança psicológica dos indivíduos manifesta-se na sua autoconsciência. A sua natureza é metafísica e a sua compreensão é difícil, sendo apenas possível uma descrição das suas manifestações.

Estudos realizados por académicos de diferentes países mostram que a Ásia Central foi um dos centros de formação da civilização mundial. Ao mesmo tempo, há apenas cem anos, os seus povos viviam maioritariamente em condições de relações patriarcais-feudais, permeadas por tradições medievais, costumes, normas religiosas de lei e tribunal e feudos intertribais.

Os representantes dos povos da Ásia Central são dotados de:

- A mentalidade prática, o pensamento racional, os juízos abstractos e os conceitos abstractos não lhes são típicos;

- emocionalidade externa pouco expressiva, temperamento contido, calma e discernimento;

- a capacidade de suportar o sofrimento físico, as condições climatéricas e meteorológicas desfavoráveis;

- alto desempenho, honestidade, respeito pelos mais velhos;

- um certo isolamento nos seus grupos nacionais, especialmente durante o período inicial de conhecimento, comunicação e interação com outras pessoas, e uma atitude cautelosa em relação a representantes de outras nacionalidades.

As condições naturais e climáticas foram um dos factores que moldaram as caraterísticas etno-psicológicas dos povos da Ásia Central. Muitas das suas gerações, bem como outras pessoas que vivem em regiões quentes e áridas do globo, acumularam uma grande experiência na adaptação a condições climáticas extremas. Vestuário tradicional, habitações especiais, um modo de vida secular e uma atitude em relação a ele - tudo isto torna possível viver e atuar com sucesso em circunstâncias familiares. Esta adaptação implica uma vida comedida e sem pressa, um trabalho sem pressa e mesmo lento em condições de calor elevado. Um homem trabalha com uma enxada, cansa-se, vai para a sombra, senta-se debaixo de uma árvore, bebe uma chávena de chá verde, descansa e continua o seu trabalho. Foi assim que trabalharam durante séculos. Estas tradições, conservadas ainda hoje, têm uma influência determinante no comportamento e nas acções das pessoas.

A maioria dos asiáticos centrais é fraca a exprimir as suas emoções e sentimentos. São sobretudo pessoas de temperamento fleumático e sanguíneo. São mais lentos do que outros povos a compreender a vida e as tarefas profissionais que surgem no processo de atividade. No entanto, quando se aprende o objetivo, este torna-se um guia indispensável para a ação. Os representantes destas nacionalidades tentam cumprir conscienciosamente os seus deveres oficiais. Ao mesmo tempo, se o controlo sobre as suas actividades for relaxado, podem entregar-se a si próprios e aos seus compatriotas.

Muitas peculiaridades da psicologia nacional dos povos indígenas da região da Ásia Central explicam-se pela peculiaridade das suas próprias normas e regras de vida social e cultural. Por exemplo, os cazaques, os quirguizes, os turcomanos, os karakalpaks e alguns uzbeques ainda mantêm fortes laços tribais. Pertencer a um círculo de pessoas ligadas por laços de sangue impõe grandes responsabilidades. Por exemplo, é considerado natural ajudar os parentes mesmo quando estão errados, protegê-los mesmo que tenham cometido delitos anti-sociais. Quando um dos familiares ocupa uma posição de liderança, tenta quase sempre criar um círculo de pessoas mais próximas de si.

Os laços de parentesco manifestam-se, por exemplo, num costume nacional como o de regressar de uma longa viagem para trazer presentes para numerosos familiares. Os laços de país também são fortes. Quando os representantes destas nações se encontram fora da sua região, permanecem normalmente num grupo muito unido, que pode ser formado não só por motivos nacionais mas também religiosos.

O Islão, que, como é sabido, teve origem na Arábia e foi imposto a outros povos com grande crueldade, desempenha um papel importante na formação sócio-psicológica dos jovens da Ásia Central. O facto de a doutrina do Islão ser simples, de os seus crentes terem poucos deveres e de os seus rituais serem muito simples contribuiu para o seu enraizamento na região da Ásia Central.

Desde há muito que os povos da Ásia Central se caracterizam pelo respeito pelos mais velhos. Quando se dirigem a eles, observam especialmente os gestos desenvolvidos ao longo dos séculos que realçam a cortesia. Por exemplo, quando um jovem dá algo a um ancião, deve apoiar a mão direita com a mão esquerda.

Os representantes dos povos da Ásia Central aceitam muito mal os insultos, incluindo os insultos verbais, especialmente os palavrões. Nestas circunstâncias, tendem a ficar muito agitados e a entrar em conflito. No entanto, apreciam muito o tom equilibrado das outras pessoas, a sua cultura elevada e a sua forma calma de falar, bem como a confiança, o respeito e a boa atitude em relação às suas tradições, costumes, hábitos, literatura e arte nacionais.

Os povos da Ásia Central têm muitas caraterísticas distintivas, com muitas semelhanças externas e psicológicas. Por exemplo, o povo uzbeque, que durante muitos séculos se dedicou principalmente à agricultura e ao comércio, desenvolveu uma atitude parcimoniosa em relação às riquezas da terra e uma adaptabilidade ao trabalho árduo. Os cazaques e os quirguizes, que durante muito tempo foram predominantemente criadores de cavalos e ovelhas, estão mais familiarizados com as necessidades da pastorícia. Em resultado dos amplos laços económicos com outros povos, os uzbeques desenvolveram a sociabilidade, a polidez e a afabilidade. O modo de vida nómada dos cazaques e dos quirguizes e a sua permanência constante longe de outras pessoas contribuíram para a formação de uma considerável contenção na comunicação com estranhos e na expressão dos sentimentos mais sinceros e calorosos.

Literatura

1   Wundt W. Problemas de psicologia dos povos. - Moscovo: Projeto Académico, 2010. - 136 c. - (Tecnologias psicológicas).

2   Yaroshevsky M.G. Psicologia no século XX. - M., 1974.

3   Pavlenko V.N., Taglin S.A. Etnopsicologia geral e aplicada. - M., 1980.

4   Krysko V.G. Psicologia étnica. - M., 1994.

5   Psicologia étnica. Um livro didático.

6   Dicionário etnopsicológico. - Moscovo: Instituto Psicológico e Social de Moscovo, 1999.

15 Significado social das tradições nacionais do Cazaquistão

Objetivo: Estudar e conhecer as tradições nacionais do Cazaquistão.

Plano

1   . Os costumes e as tradições como fator de educação popular.

2   . A influência da nacionalidade nas caraterísticas psicológicas da criança.

3   Significado social das tradições nacionais do povo do Cazaquistão.

Literatura

Conceitos-chave.

Tradição - do latim "traditio" - transmissão - são os elementos do património social e cultural transmitidos de geração em geração e preservados em determinadas sociedades, classes e grupos sociais durante muito tempo. As tradições são normas de comportamento socialmente definidas, valores, ideias, costumes, rituais, etc. Certas tradições actuam em qualquer sociedade e em todos os domínios da vida social. As tradições mais difundidas são as religiosas.

O costume é uma forma estereotipada de comportamento que se reproduz numa determinada sociedade ou grupo social e é habitual para os seus membros. Os costumes desactualizados são substituídos por novos costumes no processo de desenvolvimento histórico.

A pedagogia popular é um sistema de educação baseado nas caraterísticas histórico-nacionais de um determinado povo, nas suas tradições, costumes, fé, e que reflecte a sua mentalidade, constituição psicológica e predilecções emocionais e estéticas. A pedagogia popular acumulou as principais ideias pedagógicas da experiência secular do povo: cooperação em actividades de vida conjuntas, dedicação espiritual e caridade, a elevação das necessidades espirituais sobre as "terrenas" e muito mais.

A educação, em sentido lato, é o processo de socialização de uma pessoa, ou seja, a assimilação por uma pessoa de valores, atitudes, normas e padrões de comportamento caraterísticos de uma dada sociedade ou grupo social e a reprodução por uma pessoa de laços sociais e experiência social.

A educação, em sentido estrito, é uma atividade intencional destinada a formar nas crianças e nos jovens certas qualidades pessoais, atitudes e convicções socialmente significativas.

4 5.1Os costumes e as tradições como fator de educação popular.

Na sua mensagem ao povo do Cazaquistão, o Presidente do país, N. Nazarbayev, afirmou: "A unidade da política interna e da sociedade está ligada à união da propaganda das tradições e da cultura nacionais com os interesses políticos, ideológicos, religiosos e étnicos. A base da educação nacional é a língua materna. Uma etnia que perde a sua língua perderá as propriedades da sua antiga etnia. A língua é a história do povo, a cultura da consciência, o humor, a literatura".

No Cazaquistão, foram criadas condições adequadas para o ensino na língua materna e para a promoção da cultura nacional junto de crianças de diferentes nacionalidades. Atualmente, são publicados 138 000 jornais e revistas em alemão, uzbeque, coreano, ucraniano e tártaro. Os programas de rádio e televisão são transmitidos diariamente em várias línguas. As bibliotecas da República têm mais de 70.000 livros em coreano, alemão, uzbeque, uigur e tártaro. Pessoas de várias nacionalidades trabalham em organizações de voluntariado. Os meios de comunicação social divulgam informações sobre as tradições, os costumes, o vestuário nacional, a música e os pratos das diferentes nacionalidades. São organizados encontros, serões, exposições e festivais em escolas, instituições infantis e estabelecimentos de ensino superior. São organizados vários jogos nacionais interessantes em estádios e campos desportivos. As tradições nacionais das cerimónias de casamento são promovidas no Palácio dos Casamentos e nos clubes das aldeias.

Em 2000, a equipa do Laboratório de Etnopedagogia e Educação da Academia de Educação com o nome de I. Altynsaryn publicou uma coletânea intitulada "O povo é um educador inegável". I. Altynsaryn publicou uma coleção intitulada "O povo - um educador inegável". Esta coleção contém as tradições de educação familiar de diferentes nacionalidades. As teses de doutoramento em etnopedagogia de diferentes nacionalidades são defendidas no Conselho Académico especializado. Tudo isto pode ser considerado o resultado da propaganda da cultura nacional e das tradições de educação das crianças.

Os cazaques também têm as suas próprias particularidades na educação das crianças. As suas raízes remontam à antiguidade profunda. Por exemplo, o costume de tirar uma criança de casa depois de 40 dias está relacionado com ideias antigas de que nos primeiros 40 dias a criança está mais exposta à influência de espíritos malignos e que estes podem provocar doenças ou substituir a criança. É por isso que uma criança até aos 40 dias não era mostrada a ninguém, exceto às pessoas mais próximas. E mesmo as primeiras canções de embalar do Cazaquistão são mais parecidas com encantamentos do que com canções, cujo significado é enganar os maus espíritos e afastá-los do bebé.

Algumas tradições e costumes do povo cazaque são de carácter religioso. Por exemplo, a circuncisão do prepúcio dos rapazes, ou sundet. Este rito teve origem nos países árabes e, mais tarde, chegou ao povo cazaque juntamente com a religião muçulmana. O Sundet é um acontecimento muito importante para qualquer rapaz, uma vez que este rito o une ao mundo muçulmano, porque a necessidade da circuncisão do prepúcio é mencionada no Corão. O Sundet não é um acontecimento vulgar e, nesta ocasião, é normalmente organizado um grande feriado e a criança é felicitada e recebe muitos presentes.

Outra particularidade da educação das crianças cazaques é o facto de os avós desempenharem um papel importante na educação, uma vez que eram os principais portadores das tradições, dos costumes, da experiência e da sabedoria do povo. Tradicionalmente, os primogénitos da família eram considerados filhos do sogro e da sogra. As crianças adoptadas desta forma eram tradicionalmente as preferidas da família. O folclore desempenhava um papel importante na educação. Logo que uma criança aprendia a falar, eram-lhe imediatamente ensinadas canções, provérbios e poemas. O povo cazaque sempre valorizou a eloquência, a capacidade de improvisar, de compor poemas e canções de improviso. Não é por acaso que o aytys é tão popular hoje em dia. Desde muito cedo, as crianças aprendem muitas coisas sob a forma de jogos. Toda a gente sabe que as normas da vida social e económica e os valores são estabelecidos, em primeiro lugar, na família. As crianças observam o trabalho dos adultos: as filhas - os trabalhos manuais das mães, os filhos - as tarefas domésticas dos pais, - gradualmente, elas próprias são levadas a participar no processo e a ajudar. Assim, adquirindo gradualmente competências para a vida já na primeira fase da vida - mushel, aos 12 anos as raparigas tornavam-se boas ajudantes das mães e os rapazes - jovens dzhigits. A educação da rapariga era inicialmente mais centrada na família, incutindo-lhe os principais valores familiares, ao passo que a educação do rapaz recebia muito mais atenção, uma vez que este se tornaria o chefe de família e resolveria questões económicas complexas.

Outro traço caraterístico do povo cazaque é a sua coesão, assistência e entreajuda. Os habitantes de um aul sempre foram como uma grande família. Quando alguém tinha um infortúnio, os vizinhos e os familiares ajudavam-no de certeza. Ajudavam "todo o mundo". A regra para qualquer cazaque é nunca deixar os seus familiares e amigos em apuros, para preservar a honra e a dignidade da sua família e do seu clã.

No Cazaquistão moderno, muitos costumes perderam a sua relevância devido a mudanças no ritmo e no modo de vida, bem como à influência de factores históricos. As mulheres tornaram-se mais emancipadas e já não se dedicam necessariamente à família e aos filhos, mas esforçam-se por atingir patamares de carreira equivalentes aos dos homens. Um costume como o roubo de noivas, embora aconteça, mas na maioria dos casos com o consentimento da noiva, quando, por exemplo, os pais da noiva se opõem ao casamento. Se tal facto acontecer sem o consentimento da rapariga, há uma série de artigos penais que estipulam o seguinte.

a punição depende da infração. Mas muitos costumes e tradições estão a ser recuperados do esquecimento. São os costumes infantis relacionados com o parto e com o casamento. Tornou-se moda realizar um casamento tradicional do Cazaquistão com os trajes de casamento nacionais dos noivos, observando as principais etapas da cerimónia de casamento tradicional. Os trajes de casamento sofreram alterações, mas nos trajes modernos podem encontrar-se elementos do ornamento cazaque e o colorido da imagem como um todo. O saukele é novamente colocado na cabeça da noiva. O artesanato nacional é reavivado, como a feltragem da lã, a joalharia, o trabalho em couro, o fabrico de instrumentos musicais, etc. Tudo isto testemunha o grande interesse, sobretudo das gerações mais jovens, pela história do seu povo.

Literatura

1   Izmailov A.E. Pedagogia popular: Pedagogia

crenças dos povos da Ásia Central e do Cazaquistão. - M., 1991

2   Cazaques (estudos históricos e etnográficos. Editado por Kozybaev M.K. et al. - Almaty, 1995).

3   Uzakbaeva S.A., Kozhakhmetova K.J. Use of materials of Kazakh ethnopedagogy in the study of pedagogical disciplines. - Almaty, 1996.

4   Sarsenbaev N.S. Costumes, tradições e vida social. - Alma-Ata, 1974.

5   Orlova A.P. Tradições populares e problemas modernos de educação / Pedagogia Soviética, 1989, No.7. C.106-110.

6   Ovezov R. Sobre as tradições populares. // Educação de crianças em idade escolar, 1990, №3, p.33-35.

7   Aliyev A.A. Folk traditions, customs and their role in the formation of a new man. - Makhachkala, 1968.

LISTA DE REFERÊNCIAS

1 θ6iΛ0βa Z. Etnopedagogia: oku kuraly. Almaty: Kazak Elem TigΛep University 1997. - 230 б.

2 Volkov G.I. Etnopedagogia. - Cheboksary, 1974. - 376 c.

3 Etnopedagogia do Cazaquistão / Comp. C. Kaliev.- Almaty, 1996.22 p.

4 Kozhakhmetova K.J. Kazakh ethnopedagogy: methodology, theory, practice. Almaty: Gylym, 1998. - 316 c.

5 Kozhakhmetova K.J. Mekteptsh ultyk terbiye zhүyesi: teoria e prática. - Almaty, 1997. - 142 б.

6 Ushinsky K.D. Sobre a nacionalidade no ensino público / Ped.opis: em 6 T. / Comp. C. F. Egorov. - Moscovo: Pedagogia, 1988. T. 2. - 527 c.

7 Pedagogia étnica: um livro de leitura / Pyatin V.A., Trenev A.M., Alekseeva G.V. et al. - Astrakhan, 1995. - 276 c.

8 Antologia do pensamento pedagógico do Cazaquistão. / Compilado por. K.

Zharikbaev, S. Kaliev. - Almaty: Rauan, 1995. - 512 c.

9 Baltabaev M.H. Pedagogical culturology. - Almaty: RIC KAO com o nome de I.Altynsarin, 2000. - 268 c.

10 V.S.Bezrukova. Pedagogia. Pedagogia projectiva: Livro de texto para institutos de engenharia e pedagogia e escolas técnicas industriais e pedagógicas. - Ekaterinburg: "Business Book", 1996. - 300 c.

11 Vinogradov G.S. Narodnaya pedagogika. - Irkutstk, 1926. - 293 c.

12 Goncharov I. A nova escola da Rússia: o que deve ser // Educação dos alunos. - 1997. - № 2. - C. 36-42.

13 Danilyuk A.Ya. O conceito e a compreensão da escola nacional russa // Pedagogia. - 1997. -№ 1 - C. 38-40.

14 Dneprov E.D. Reforma educativa e escola nacional. // A escola nacional: estado, problemas, perspectivas / Editado por M. N. Kuzmin. - M. N. KUZMIN, 1995. C. 34-40.

15 Zhukesh K. ¥ltyts psychologiologiynyn, sipaty: Kθmekshi kural. - Almaty: Respubliki baspa kabinetu 1993. - 196 б.

16 Zhumabaev M. Tavdamaly. - Almaty: Ana Tshu 1992. - 106 б.

17 Karakovsky V. A. Sistema educativo da escola   :

problemas de gestão. - M., 1997. - 260 c.

18 Kozhakhmetova K.J., Syrymbetova L.S. Programa de trabalho experimental-pedagógico do ginásio feminino do Cazaquistão em Ekibastuz // Boletim informativo-metódico da RIPK SO "Gestão na Educação". - 1998. - №2. - C.15-21

19   Koishibaev B. A. Acompanhamento pedagógico do ensino complexo (thesaurus e modelos). - Almaty, 1998 - 207 p.

20   O conceito de educação das crianças em idade escolar e pré-escolar da República do Cazaquistão, 1995. - 28 c.

21   O conceito de ensino secundário geral: Instituto de Filosofia da Academia Nacional de Ciências da República do Cazaquistão. - Almaty, 1995. - 48 c.

22   Conceito de desenvolvimento do ensino secundário de RK, 1997.

23   O conceito de educação etno-cultural // Kazakhstanskaya Pravda. 1996. 07 de agosto.

24   Korkyt Ata. Onyzdardyts batyrlar epics: AygapFaH E.Derbshalin. - Almaty: Cazaquistão, 1993. - 38 б.

25   Kuzmin M.N. Concept of the National School // Escola Nacional: Estado, Problemas, Perspectivas / Editado por M.N. Kuzmin. - M. N. KUZMIN, 1995. C.3-14.

26   Liimets H. J. Interação do coletivo e da personalidade. - Tallinn, 1982. - 75 c.

27   Manuilov Y.S. Axiomática da abordagem ambiental da educação (experiência de construção) // Metodologia, teoria e prática de sistemas educacionais / Editado por Novikova L.I. - M.: Instituto de Pesquisa de Teoria da Educação e Pedagogia RAO, 1996. C. 47-58.

28   Moldashbaeva S. ¥lttyk terbiye - urnakka ulgn // Munalyde'r mamandynynynyn koteru zhuyessh jety/irudsch keleli M9selepi men zholdary zhθnindegi halykaralyk gylyym-conferência prática. 1994. - Almaty, 1994. Б. 115-117.

29   Nauryzbay J. J. Educação etno-cultural. - Almaty: FbWbiM, 1997. - 69 c.

30   Nurlanova K. O Mundo e o Homem. - Almaty, 1994. - 48 c.

31   Nurlanova K. Estética da cultura artística do povo do Cazaquistão. - Almaty, 1993. - 176 c.

32   Podlasy I.P. Pedagogia. - M.: Prosveshchenie: Humanit. Centro Editorial VLADOS, 1996. - 432 c.

33   Podstavko G.A. Conceito de trabalho educativo. // Líder de classe.- 1999. - № 1 - C. 12-18.

34   Roerich N. Sobre o eterno. Um livro sobre educação. - Moscovo: Politizdat, 1991 - 131 p.

35   Sarsekeev B.S. Nomads of the Steppe (Nómadas da Estepe). - Akmola, 1997. - 48 c.

36   Seydambek A. Kazak eleml. - Almaty: Sanat, 1997. - 464 б.

37   Syrymbetova L.S. Otbasynda Cossack kyzdaryn terbiyeleudep erekshelshter // Problemas e formas de melhorar o sistema de desenvolvimento profissional dos professores: Resumos da Conf. Internacional Científica e Prática 1994. - Almaty,

1994. C. 121-123.

38   Teoria e   prática dos sistemas educativos   .
L.I.Novikova: Em 2 livros - M.: ITP e MIO RAO, 1993.

39   Uzakbaeva S.A.,   Kozhakhmetova K .Zh.   Conceito
Formação etnopedagógica de estudantes do ensino superior. - Almaty: "Oner", 2008.
- 20 c.

40   Gestão do desenvolvimento escolar: manual para diretores de estabelecimentos
de ensino. / Editado por M. M. Potashnik e V. S. Lazarev. S. Lazarev. - Moscovo:
Nova Escola, 1995. - 464 c.

41   Ushinsky K.D. Sobre a nacionalidade no ensino público / Ped.opis: em 6 T. /
Comp. C. F. Egorov. - Moscovo: Pedagogia, 1988. T. 2. - 527 c.

42   ¥zakbaeva S.A. Tamyry terez terbiye. - Almaty: Bshm, 1995. - 232 б.

43   KhmelN   .   D   .   Processo   pedagógico
escola de ensino geral. -Alma-Ata: Mektep, 1984. - 134 c.

44   Khrapchenkov G.M., Khrapchenkov V.G. History of school and pedagogical
thought of Kazakhstan. Livro didático. - Almaty: Universidade "Kainar", 1998. - 193
c.

45   Shilova M.I. Estudo da educação de crianças em idade escolar. - M.: Pedagogika,
1982. - 137 c.

46   Shilova M.I. Socialização e educação da personalidade da criança em idade
escolar no processo pedagógico: guia de estudo. - Krasnoyarsk, 1998. - 135 c.

47   Shilova M.I. Para o professor sobre a educação das crianças em idade escolar. -
Moscovo: Pedagogia, 1990. - 116 c.

48   Beisenbieva K. Ak bosaFa.-A; "Kainar" 1988 zh.

49   Kaliev S. "YлгϊлϊΙ undshch - ul-kyzy" .-A; "Sanat" 2009 ж.

50   Kobesov A. El-Farabi. - A; "Kazakhstan" 1971ж.

51   Fabbasov S. Halyk; pedagogykasynyts nepzderyo- A; 1995 zh.

52   Duisembshova R   .K. Kazak; ethnopedagogikasyn mektep
A; "Tylym" 2010.

53   Kukushkin V.S. Etnopedagogia. - Moscovo-Voronezh, 2012.

54   Pensamento estético. - M., "Respublika" 2002.

Printed by Books on Demand GmbH, Norderstedt / Germany